AF392171

VOLUMEN II

EL ESPEJO

La realidad es solo un reflejo de nuestras creencias

Fernando Díez Pablos

Título: *"El Espejo"*

© 2019, Fernando Diez Pablos

fernandodiezpablos@hotmail.com

Autoedición y Diseño: 2019, Fernando Diez Pablos

Primera edición: enero de 2020

ISBN-13: 978-84-18098-77-2

Depósito legal: 27.329.698 -V

"Todo lo que se llama estudiar y aprender, no es otra cosa que recordar"

Platón

Dedicado a mi familia en general, particularmente a mis padres y muy especialmente a mi madre que ha sabido sobreponerse y crecer, personal y espiritualmente, con cada experiencia que ha vivido conmigo.

Gracias…mil gracias de corazón, sin vosotros no sería quien hoy en día soy.

PRÓLOGO

"Sé que ha pecado, él me lo contó. Los que pecaron con él ya estarán muertos aunque la herida se abre ahora al contarlo. También sé que mordió la mano que le dio de comer, incluso sé que ha robado. En cambio no ha matado, solo a él mismo y solo un poco porque sigue vivo…

¡Más vivo que nunca!

El autor de estos libros ha creído morir cada vez que su vida se truncaba y en cada una de ellas, sin ni siquiera saberlo, aprendía un nuevo paso. El esfuerzo de recordar lo que la mente decide olvidar es doloroso, pero también liberador si consigues unir los puntos que explican tu propósito"

Gema Díez

Puedes encontrarme en:

 Fernando Diez Pablos

 Fernando Diez Pablos
@fernando10positivo

 Fernando Diez Pablos
@yo_positivo

LO QUE PIENSAN DE LA OBRA DE FERNANDO

De la trilogía "Crecer o morir", no sabría decir cual libro es el mejor, porque cada uno de ellos es un auténtico manual de superación personal, donde Fernando nos cuenta todas las experiencias por las que ha pasado en su vida y que han puesto su fe a prueba, una y otra vez... nos lo transmite como a un amigo y enfocadas en cómo las ha ido superando, sacando de ellas los principios y aprendizajes que transmite con la fuerza de la experiencia... Debido a su escritura cercana y sencilla, sus palabras, consiguen que te sientas reflejado en numerosas ocasiones, invitándote a reflexionar y ayudándote a ver salida a tus situaciones personales por resolver.

Fernando, ¡GRACIAS por tu gran generosidad y dedicación para crear estas maravillosas obras, que están cambiando vidas!

Julio Mercerreyes, analista en una entidad Financiera y autor de la trilogía "La Escalera a tu Nueva Vida".

En la trilogía, "Crecer o morir", Fernando te ayudará a cambiar tu concepto de las desgracias de la vida y convertirlo en oportunidades de crecimiento, de desarrollo y de transformación. El autor nos enseña cómo superar los obstáculos a través de su propia experiencia.

¡Es una obra magistral!

¡Sin duda, una obra que no puede faltar en tu vida!

**Silvia Gómez del Pulgar,
autora de la trilogía "REVBÉLATE".**

La saga "Crecer o Morir", son tres libros que nos hacen ser consientes del poder interior que todos tenemos.

A través de sus experiencias personales y con muchos actos de valentía, el autor te enseña cómo superar los obstáculos que se te presentan, sin importar la edad, economía o salud que tengas.

¡Gracias Fernando!, por aportar al mundo estos valiosos libros de superación personal.

**Filipa Menezes, autora de la trilogía
"Tu Verdadero Valor" y Accounting Manager en
empresas Multinacionales.**

Fernando, en "EL Espejo", enseña al mundo como Dios está siempre presente en nuestras vidas. Y no juzga.

Fernando, con la sabiduría adquirida para salir de situaciones nefastas, que el mismo creó, y con destreza, nos narra cómo el descubrir un nuevo concepto de DIOS, cambió su vida.

Es hora de que en los tiempos en los que vivimos, la verdad salga a la luz y no es otra que Dios nos ama, por encima de nuestro color de piel, condición sexual, estatus social…

Nos ama simplemente porque somos sus hijos y todos formamos parte de su maravillosa alma pero con distinta ESENCIA.

¡Gracias Fernando!, por esta gran trilogía de desarrollo personal y por todo lo que le vas aportar a esta sociedad.

**Vanessa Calvo, autora de la trilogía
"MIENTRAS BUSCABA TÚ ESENCIA".**

Este libro nos invita a la reflexión: Creemos que tenemos problemas, pero solo cuando algo que damos por hecho, como es la salud, nos falla, nos hablan de un mal que nos ha invadido, la vida deja de ser igual y comienza un nuevo proceso en el día a día…

Situaciones dolorosas nos llevan a actuar de modo auto destructivo, sin embargo, Fernando consigue dar luz el modo de superar cualquier dificultad por difícil que sea. Lo importante de los errores que cometemos es sacar un aprendizaje, vital así como la gran importancia de perdonarse y quererse a uno mismo aceptando quienes somos.

¡Gracias Fernando!, porque más allá de tu problema concreto, tus enseñanzas se pueden extrapolar a todas situaciones.

Roció Testa Álvarez, autora de la trilogía "Quieres saber por qué lo has hecho".

Si buscas un libro que dé la vuelta por completo, has llegado al libro perfecto. A través de su ejemplo y de su propia experiencia, Fernando sacude todas las excusas que te pones para no ser feliz y aceptar tu vida.

Una ducha de humildad para que recordemos que todo lo que sucede en nuestra vida nos ofrece dos caminos: negarlo y encadenarnos a ello o aceptarlo y trascenderlo.

Mada Guzmán, autora de la trilogía "GOZAR LA MATERNIDAD".

ÍNDICE

ANTES DE COMENZAR

Al igual que lo hice en el primer volumen, "Yo… positivo", me gustaría, por supuesto con tu premiso estimado lector, aclarar tres puntos de los que estoy seguro tú te darás cuenta:

1.- Utilizo el género masculino para dirigirme al público en general y en particular para referirme a ti, lector de este libro. No es mi intención ser machista con ello, que no lo soy para nada. Tampoco lo hago porque este sea un libro escrito solo para hombres, ¡no, en absoluto! Lo hago porque en nuestro idioma, el género dominante lingüísticamente hablando es el masculino, como ya seguramente sabrás. No pretendo con ello, reavivar un debate sexista ni herir la susceptibilidad de nadie.

Espero, y confío, que esto no sea un argumento para que el mensaje que pretende trasmitirte este volumen sea menospreciado por ti.

2.- Te darás cuenta que iré haciendo incisos mientras te cuento mi historia. Pido disculpas si esto llega a distraerte, nada más lejos de mi intención, pero lo considero importante para que se pueda entender mejor lo que trato de explicar, así como para que esas reflexiones puedan hacerte de espejo, mi amigo lector.

3.- DIOS VERSUS UNIVERSO

Este punto es la piedra angular de mi transformación y puede que de la tuya también.

Cada uno de nosotros, aún perteneciendo a la misma religión, interpreta a Dios a su manera. Por ello, cuando te hable de Él, no me refiero al dios de la religión católica o musulmana o budista o etc. Por lo que te pediría, borraras de tu mente la imagen de dios que nos han transmitido en nuestra cultura judío cristiana que nos ha hecho, a mi juicio, más daño que bien, por lo menos a mí. Había algo en ese dios que yo conocí de la iglesia católica, de la mano de su sacerdocio, que no me cuadraba, incluso me incomodaba y hacía que lo rechazara, llegando a sentir que yo era "un bicho raro" por mi atracción hacia los hombres.

Te confesaré en estas páginas, las experiencias que yo viví como miembro de la iglesia católica desde bien pequeño y verás más claro, el por qué llegué a sentirme de esa manera y pudiera ser, que tú te sientas identificado.

Como te decía, por el hecho de ser homosexual, según la "santa madre iglesia" era un pecador, razón por la cual, era apartado de su rebaño, con lo que aún me sentía peor. Puede, querido lector, que esto o algo parecido, también te pueda haber pasado o te este pasando a ti: No entendía como un dios que es amor y que nos ama tanto a todos nosotros, podía permitir que yo, como hijo suyo que soy, hecho a su imagen y semejanza; pudiera ser rechazado por su iglesia.

No me gustaba ese dios y sigue sin gustarme ni convencerme a día de hoy. Ese dios no es justo. Ese dios del que hablaban en cada misa a la que iba, era incoherente y por supuesto, ese dios no era amor por mucho que "sus siervos" trataran de convencerme de lo contrario. No fue hasta que me di cuenta, que el dios del que me habla la iglesia católica, no es el Dios (ahora sí que lo escribo en mayúscula) que yo descubrí posteriormente y en el que creo, por eso, también me gusta llamarlo Universo, se acerca más al concepto que yo tengo de Él.

Yo no me considero cristiano, ni acepto ninguna religión, pero sí creo en las enseñanzas de Jesucristo, Buda o Mahoma: Todos hablan de que el amor, la gratitud, el perdón y la contribución son las fuerzas que mueven el Universo.

Diferentes grandes maestros, diferentes zonas del planeta, diferentes tiempos y un mismo mensaje... ¿Casualidad?

No lo creo, ¿y tú?

Centrándome en la iglesia católica, que es donde tengo mis raíces, estarás de acuerdo conmigo, que fueron los que precedieron a las enseñanzas de Jesús, después de su muerte y resurrección, los que la crearon.

¡Personas como tú y yo!

Personas, como tú y yo, fueron los que hicieron una interpretación no del todo exacta, o sea errónea, del mensaje de Jesús. A mi modo de ver, lo manipularon a su antojo creando una institución de poder que durante años, siglos más bien, nos ha amenazado con el temor al pecado e inculcándonos el miedo a la condena eterna después de la muerte, atemorizándonos con un infierno que no existe, para someternos e impedirnos tener otra posibilidad de salvación más que con la que ellos nos limitan, impidiéndonos ser libres y brillar.

Me gustaría que tuvieras en cuenta que cuando hablo de iglesia católica, me estoy refiriendo a ella como institución:

¡Iglesia somos todos!

Me consta que dentro de la iglesia, la iglesia católica, hay personas de muy buena voluntad y que actúan desde el amor.

¡No es mi intención ofender a nadie!

Mis experiencias de vida y posteriores hallazgos, tras años buscando respuestas, originaron las reflexiones a las que he llegado y que se han convertido en mis convicciones, originando mis nuevas creencias, que te transmito a ti con la humildad, no de convencerte, que por otro lado no podría aunque quisiera, sino con el propósito de que pienses en ello y seas tú el que llegue a tus propias conclusiones.

Dicen que: "Nadie aprende en cabeza ajena", pero también dicen: "Cuando veas las barbas de tu vecino cortar, pon las tuyas a remojar".

Como siempre: ¡Tú decides!

Date la oportunidad, abre tu mente, siempre puedes decidir quedarte dónde estás pero, piensa en esto…

¿Y si lo que vas a leer en este libro, en esta trilogía, fuera verdad y con ello pudieras cambiar tu vida para siempre, llevándola a un nivel superior?

Por ello, te pediría que no mates al mensajero, lee su mensaje y juzga luego por ti mismo.

No es a mí a quien tienes que creer.

¡Es a ti, en quien tienes que creer!

Tienes que creer en ti y esta trilogía, "Crecer o morir", y yo mismo, te ayudaremos a conseguirlo si nos lo permites.

¡Todo depende de ti!

Por otro lado debo añadir, que así como te he contado acerca del daño que me hizo la iglesia católica en el pasado y confesándote un secreto…

¡Hoy en día, doy las gracias a la iglesia católica!

A día de hoy, siento un enorme agradecimiento a la iglesia católica, porque me hicieran sentir pecador y el dolor que causó. Reconozco y valoro el gran esfuerzo que pusieron para que en cada misa a la que asistiera, religiosamente los domingos y fiestas de guardar, me hicieran creer que yo no era digno de que "Él entrara en mi casa". Le doy las gracias, por todas las veces que me obligaban a confesar, "mis pecados", ante un señor, un cura, una persona que no me inspiraba la menor confianza y que no tenía a menudo, ni el placer de conocer. Le agradezco que me expulsara del rebaño y el sufrimiento que ello causó porque, sin esa aflicción, sin esas lágrimas, me hubiera conformado y no hubiera crecido ni espiritual ni personalmente; sin ese pesar, hubiera sido un cordero de dios más en el redil, sin atreverme a cuestionar ni buscar respuestas, sobre que es la espiritualidad o cuál era mi misión en esta vida.

En definitiva, aplaudo, a la que se autoproclama santa madre iglesia católica, lo que provocó en mí, para llegar a ser, lo que hoy en día soy.

Aclarado este punto, ahora me siento más libre de utilizar Dios o Universo indistintamente, porque tú ya sabes a que me refiero con ello.

Pero continuemos, tengo muchas cosas que contarte.

¿Me acompañas?

Voy a revelarte mis
secretos, rompiendo los
límites obsoletos que
mi mente me imponía.

Voy a desnudar mi alma
y abrir mi corazón,
confiando en ti.

Con la humilde y única
intención de ayudarte,
amado lector.

¡Gracias a todos y
a todas por vuestra
comprensión!

Espero, de corazón,
que disfrutes de este
viaje que estas a punto
de comenzar.

INTRODUCCIÓN

En "Yo…positivo", el primer volumen de esta trilogía, te expliqué, que nuestro éxito, o nuestro fracaso, es el resultado del aprendizaje de las experiencias pasadas y que si no aprendíamos la lección que se encuentra implícita en cada una de ellas, estábamos condenados a repetirlas.

¡Si no hay aprendizaje, no hay evolución!

Te mostré la manera de convertir las "desgracias" que nos ocurren en la vida, en "bendiciones" que nos permiten evolucionar.

¡Todo es cuestión de enfoque!

Traté de explicarte que los secretos, al estar enfocados en que no salgan a la luz, nos mantienen viviendo en el pasado.

¡Nuestro pasado tiene que morir para dar paso al verdadero "YO" que cada uno llevamos dentro!

Te confesé que Dios nunca me abandonó como yo creía, sino que muy por el contrario, estuvo pendiente de mí, mandándome pruebas de fe cada vez más fuertes para que, una vez superadas, despertara a un nuevo nivel de consciencia y estuviera preparado para encontrar y aceptar mi misión y mi propósito en esta vida.

¡Dios escribe derecho sobre renglones torcidos!

Te hablé también de lo que la iglesia católica influyó en mi vida y no para bien, precisamente. Te ampliaré más el por qué y las revelaciones a las que he llegado, al final de este libro.

Pero eso fue en el anterior volumen.

En este volumen, "El Espejo", trataré de explicarte que cómo con nuestra forma de pensar, de sentir y de actuar, vamos creando nuestro futuro.

Quiero hablarte de mí, no porque yo considere que mi vida sea un ejemplo a seguir, **¡No!**, sino porque he llegado a la conclusión que desde muy pequeño y debido a los acontecimientos que me ocurrieron y a mi forma de reaccionar ante ellos, programé y creé mi futuro. Te cuento mis experiencias, mis lecciones de vida, como forma de entender mejor el concepto de **"somos lo que pensamos"**, con la humilde intención de que te sirva de invitación y te estimule a reflexionar y a sacar tus propias conclusiones, con las que podrás enriquecer tu vida.

¡Todo depende de ti!

En este segundo libro, desnudo mi alma y…

Pretendo hacerte de espejo

y que eso te pueda ayudar a evitar cometer errores que yo cometí.

Si aún no has leído "Yo…positivo", el primer volumen de esta trilogía, te aconsejo que lo hagas para que puedas entender mejor lo que trato de explicarte ahora.

Para empezar, te diré mi querido lector, que definiría mi vida como una constante huida: Me he pasado la mayor parte del tiempo huyendo, unas veces hacia delante y otras veces hacia atrás, pero huyendo al fin y al cabo. Cambiando de escenario, una y otra vez, tratando de escapar de lo que yo creía era una maldición que se empeñaba en perseguirme y de la que jamás conseguiría liberarme porque de lo huía estaba dentro de mí y me acompañaba a todas partes.

¡Huía de mí mismo!

Eran mis complejos, mi sentimiento de culpa, mi falta de autoestima, los que me perseguían. Conceptos tan negativos que tenía de mí mismo, eran la maldición que me alcanzaba allá donde fuese y aunque me convertí en un maestro del camuflaje, disfrazando mis carencias con mentiras, rebeldía, orgullo y autocompasión o con una imagen fría de que "todo estaba bien", nada resultaba efectivo y nada calmaba a ese "monstruo" que albergaba en mi interior.

Como te confesé en "Yo…positivo", tuvo que ocurrir un hecho muy importante, uno más y el más grave de mi vida, esa última gota que colma el vaso, para que decidiera poner un:

¡Basta ya!

y dejar de huir, afrontando sin máscaras lo que nunca antes me había atrevido a afrontar: **Mi yo verdadero**, y no la imagen que hasta entonces mostraba al mundo.

Como consecuencia de este trabajo personal, he llegado a aceptarme, perdonarme y amarme.

Te aseguro, querido lector, que no ha sido un proceso fácil pero que ha "merecido la alegría" atravesar.

Yo estoy preparado y si tú también lo estás…

¿Comenzamos?

DESDE MI NACIMIENTO

Provengo de una familia con muchos miembros: mis padres, seis hermanas y dos hermanos y yo. El haber nacido en el seno de una familia numerosa, tiene sus pros y sus contras, tiene sus luces y sus sombras, pero lo que tengo muy claro, es que no podría pertenecer a una mejor familia.

Haciendo un poco de historia, empezaré contándote que mi padre fue monje dominico en su juventud y dejó los hábitos cuando reconoció, ante Dios primero y luego ante los hombres, que el amor por una mujer, mi madre, era más poderoso que su celibato. Colgó los hábitos pero se llevó consigo unas fuertes creencias religiosas en la iglesia católica, en las que yo fui educado, hecho que marcó su vida, la mía y también la de mis hijos, aunque, créeme querido lector, que lo evité a toda costa, pero "nadie da lo que no tiene", y yo di lo que tenía: **una marcada herencia.**

Por otro lado, tengo claro que otro de los motivos por el que mi padre tenía que colgar los hábitos, era para que yo naciera y me explicaré mejor:

Considero que nacer en el seno de una familia, no es algo fortuito y que ocurra al azar, sino mas bien, estoy convencido de que somos nosotros los que elegimos la familia en la que tenemos que nacer porque en ella encontraremos las experiencias que necesitamos aprender en esta vida, desde muy pequeños y que marcarán nuestro camino.

También creo que no nacemos el día que nos paren nuestras madres a este mundo, ya que entiendo que el ser humano consta de cuerpo y alma y desde el mismo momento en que somos engendrados, somos células en crecimiento pero solo eso, células que se multiplican a un ritmo vertiginoso para estar preparadas para que a la séptima semana de gestación, se incorpore nuestra alma, accediendo por la glándula pineal que es cuando se hace visible y es ahí, cuando somos un ser humano completo.

¡Es ahí cuando nacemos!

Tengo dos referencias claras para pensar de esta manera:

1.- En el Bardo Thodol, Libro Tibetano de los Muertos, se asegura que el Alma necesita de 49 días para reencarnarse en un cuerpo.

2.- La glándula pineal se hace visible en el cuerpo a las siete semanas de gestación.

¿Casualidad?

Esta conclusión no es invención mía, yo solo la he adoptado como válida. Es el doctor Rick Strassman (médico psiquiatra de EEUU) quien sugiere esta hipótesis en su libro "DMT: The Spirit Molecule", donde asegura que a la séptima semana de embarazo, o sea, a los 49 días después de ser concebidos, el alma entra al cuerpo por la glándula pineal que la utiliza como canal, usando el catalizador dimetiltriptamina (DMT), sustancia psicodélica muy potente que se produce de manera natural en dicha glándula y esto es un hecho probado recientemente.

Interesante, ¿verdad?

Pero no me voy a extender más en este tema aunque si estás intrigado, te recomiendo que leas más sobre ello y te informes por ti mismo. Anteriormente ya te di dos referencias donde puedes saciar tu curiosidad.

Pero avancemos, mi querido lector.

Creo que cuando el alma entra en el cuerpo es pura luz, es puro amor y viene a esta vida para conocer esta densidad con una misión: Ayudarnos a crecer y evolucionar, y que cuando somos niños la escuchamos y somos felices.

Creo que desgraciadamente todo empieza a torcerse cuando conocemos el miedo, la mentira, la traición… y empezamos a escuchar a nuestra mente, influenciada por nuestros mayores (padres, profesores…), ya que asumimos que tienen más experiencia en esta vida y por supuesto, nos fiamos de ellos.

Creo que nos pasamos toda nuestra vida, o gran parte de ella, perdidos y es cuando nos volvemos a reconciliar con nuestra alma y escuchamos otra vez lo que nos decía de niños que encontramos nuevamente la felicidad, alcanzando la plenitud. Mientras tanto, en ese camino suceden experiencias que a veces tienen que ser muy traumáticas y duras para que nos demos cuenta, para que despertemos y valoremos lo importante que es estar vivos y no desperdiciar ni un segundo de lo que nos quede por vivir.

Creo que nos pasamos nuestra vida buscando fuera de nosotros lo que en realidad está en nosotros mismos.

Creo que el amor es el estado natural del ser humano y que es lo que mueve de verdad el mundo.

Creo que el miedo es una invención nuestra para no avanzar y que lo utilizamos como justificación a nuestra comodidad.

Y creo que es el amor que nos llevemos cuando se termine nuestro viaje en esta tierra, el amor que demos a los demás y a nosotros mismos, en cada uno de nuestros actos, lo que al final de nuestra vida marcará la diferencia entre si realmente hemos vivido o todo ha sido un mal sueño.

Como siempre, somos nosotros los que decidimos:

Morir desde el miedo o vivir desde el amor.

Esta son parte de mis creencias actuales, después de haber llevado una vida donde, la mayor parte del tiempo, el amor brillaba por su ausencia. Puede ser que tú seas más afortunado y lo hayas descubierto antes, te felicito por ello.

Pero permiteme ahora preguntarte algo:

¿Sabes cuándo fuiste engendrado?,

yo sí: Un día se lo pregunté a mi madre, no hace más de un par de años. Te puedes imaginar que a mi madre casi le da "un patatús" al oír la pregunta y me anduvo con evasivas, pero yo que no acepto un no por respuesta, le insistí y le insistí tanto que al final me lo confesó: "Hijo, fue en un barco volviendo a España desde Venezuela, una noche de enero." Al querer saber más acerca de esa noche, mi madre, viendo el interés que estaba mostrando y sabiendo que yo no iba a parar hasta que no saciase mi curiosidad, me confesó que esa noche era una noche de tormenta y que el barco se movía mucho… además añadió: "…y se rompió el preservativo".

¿Demasiada información? Puede ser, a mí no me sorprendió aunque si me dio mucho en lo que pensar…

Soy el quinto de una familia de nueve hermanos, eso sin contar los que no están entre nosotros, si no, tengo el séptimo lugar. En España, se suele decir que: "No hay quinto malo.

Yo soy la excepción que confirma la regla... ¿o tal vez no?

Mi padre colgó los hábitos y yo soy fruto de un condón roto, todo me indica que tenía que nacer sí o sí.

Sea como sea, fui engendrado, nací y aquí estoy contra todo pronóstico, y...

¿Para qué nací yo?

Fue algo que tardé en descubrir algunos años más tarde, solamente cincuenta y tantos, y mientras lo descubría, Dios tenía planes para mí, aunque a veces en su caligrafía no pude distinguir bien su mensaje y lo confundiera con borrones de tinta que enturbiaban mi vida.

Mi madre cuenta que cuando yo nací, era un niño sano, hermoso, que pesó más de cinco kilos y que destacaba por sus ojos verdes. "Es el niño más guapo que ha nacido en este hospital", le comentaban las enfermeras que la atendían. No recuerdo este hecho, así que tendré que confiar que lo que me dice, es la verdad.

A mi madre cada vez que cuenta el día de mi nacimiento, se le encienden los ojos, le brillan de una forma especial pero también suspira y yo sé por qué.

No sé hasta qué punto fui yo un niño deseado o fui uno más que nació entre tantos porque así es como me he sentido en el seno de mi familia:

"Uno más entre tantos".

Uno más entre tantos y muy diferente al resto: Todos mis hermanos y yo somos hijos de las mismas personas y todos hemos recibido, una educación estricta por parte de un padre autoritario y más de las veces ausente, y un amor desbordado, un amor incondicional por cada uno de sus hijos por parte de mi madre.

Recuerdo, como si fuera ahora, como mi madre, siempre que tenía ocasión; me cogía en su regazo cuando estaba sentada, me rodeaba con sus brazos acariciándome la cabeza y la sostenía en su pecho, sentía cómo le latía el corazón y eso me tranquilizaba. Lo recuerdo perfectamente y si cierro los ojos y me concentro, es como si lo estuviera viviendo ahora mismo.

¡Era una sensación que me encantaba!

Me acariciaba el pelo y la cara y yo me sentía protegido, a salvo, me sentía… en el paraíso, estaba viviendo mi sueño, ¿qué más podría necesitar con tres, cuatro o cinco años un niño?, pues eso, más de lo mismo…. más amor y más cariño. Creo que hasta mis hermanos mayores se sentían un poco celosillos de esto pero a mí me daba igual, yo estaba genial. El mundo para mí era perfecto y aunque después de mí tengo hermanas más pequeñas, que también reclamaban el cariño y la atención de su madre, nuestra madre tenía y tiene amor para todos; pero yo siendo el pequeño de los varones era el más mimado, y eso también marcó una diferencia en mi vida.

Llegado a este punto, siento la necesidad de hacerte una confesión amigo lector:

He vivido parte de mi vida, la mayor parte, sin amarme en absoluto, mi nivel de autoestima era tan bajo, que solo buscada el amor en el sexo y a ser posible que fuera espontáneo y rápido, sin ternura, como se dice vulgarmente: "al lío". Nunca solía repetir con la misma persona más de dos veces y cuando me satisfacía, me vestía corriendo y me iba sin ni siquiera mirar a la cara a la otra persona.

Me respetaba tan poco, que envenenaba mi cuerpo, mente y espíritu con drogas buscando una efímera felicidad en el espejismo de sus efectos, para tratar de evadirme de una realidad que no me gustaba y ahora sé que yo mismo creé.

Llegué a un punto en el que ni siquiera valoraba el amor a mi familia y utilizaba el que ellos me amaban, porque sabía que me amaban, para manipularlos y así conseguir lo que quería.

¿Qué pasó con aquel bebé grande y sano?

Te contaré mi amigo lector, que a la edad de tres años fui atacado por el virus de la tuberculosis y enfermé. Dos hermanas, anteriormente a ese hecho, fallecieron también debido a la tuberculosis. Yo tuve "suerte", me lo detectaron a tiempo y sobreviví.

No había llegado mi hora de dejar este mundo aún.

Muchas veces en mi vida he pensado en este hecho, llegando a la conclusión de que hubiera sido mejor dejar este mundo ahí, cuando tenía tres años. Hubiera evitado mucho dolor y sufrimiento. Luego siempre he reaccionado y, aunque yo no entendía el para qué, si aún estaba vivo era por algo que me quedaba por hacer en esta vida, algo por aprender o algo que transmitir para dejar en este mundo mi legado y contribuir a que sea un lugar mejor. Siento que mi vida, hasta la fecha, no ha sido en vano aunque paradójicamente se pueda pensar eso cuando la conoces.

Con la liberación que ha supuesto hacerte esta confesión mi amado lector, ahora me siento más ligero para continuar con m relato…

…Como podrás entender, debido a las muertes de mis hermanas que te mencioné anteriormente, mis padres estaban devastados, toda mi familia lo estaba y más sospechando que el contagio vino, presumiblemente, por alguien muy cercano a nosotros que ocultó su enfermedad.

Yo no recuerdo este hecho pero lo que sí recuerdo es que fui un niño muy protegido y desde temprana edad descubrí que al estar enfermo, recibía más atención por parte de mis familiares, sobre todo por mis padres: Mi padre "ausente" recordaba que yo existía y me mostraba atención y con ello cariño y preocupación por mí, y mi madre aún me daba más cariño, supongo que desde el miedo a perderme.

Todo niño necesita atención y en mi caso yo relacioné que recibir atención era igual que ser amado.

He llamado la atención de muchas formas diferentes desde que era niño y no tan niño. Llorar por todo es la primera estrategia que recuerdo en mi creencia de que para ser amado o tener cariño de los demás, tenía que conseguir captar su atención. Te contaré una anécdota más adelante, a modo de ejemplo, para que te hagas una idea de lo mucho que lloraba y lo que conseguía.

Llorar por todo dio paso después a actuar de la manera que yo intuía o sabía que agradaría a los demás, llegando a utilizar esto de manera consciente para no sentirme rechazado por ellos o buscando en los demás la valoración y por tanto la aceptación, ya que yo mismo no me valoraba y no me aceptaba en absoluto y en algunos casos, también como evasión para no dar a conocer lo que de verdad me estaba ocurriendo.

Mi antigua creencia de que llamando la atención conseguía el amor de los demás, estaba grabada tan fuerte en mi subconsciente que he llegado a hacer verdaderas "locuras" donde he puesto mi vida en riesgo de perderla. En un principio fue solo en mi círculo familiar, pero luego se fue extendiendo a todas las relaciones en mi vida. No voy a negar que conseguía con ello el que me aceptaran y no me rechazaran, pero pagando el precio de no ser yo mismo, pagando el precio de hacerme daño y sobre todo, pagando el precio de herir a personas que realmente me han querido y amado.

Te confieso, mi querido lector, que buscaba el agradar a todo el mundo porque yo no me agradaba en absoluto, es más, me desagradaba totalmente y vivía en mi interior una desesperada angustia que trataba de disimular actuando con una imagen fría de que "todo estaba bien" por miedo a ser descubierto y con ello rechazado.

Haciendo un inciso, déjame que te pregunte algo:

¿Qué haces tú para llamar la atención?

¿Qué pretendes con ello?

¿Qué consigues con ello?

¿Qué precio pagas por ello?

¿Te merece la pena?

...

En mi caso, he actuado desde la rebeldía, la autocompasión y la culpabilidad muchos años de mi vida y hasta que no me di cuenta y acepté el hecho de que era yo el responsable de todas mis desgracias, no dejé de ser víctima de ellas.

Te confieso estimado lector, que he llegado a la conclusión de que la única aprobación, aceptación y valoración que necesito es la que yo me debo a mí mismo para agradarme a mí y para ello he tenido que realizar un profundo trabajo de introspección y de crecimiento personal necesario para sanar y así poder perdonarme el dolor que he causado y perdonar el dolor que me he causado.

He necesitado también de la más absoluta soledad para darme cuenta de que soy parte de un todo y estoy conectado a todo, descubriendo la espiritualidad bien entendida y a un Dios que me ama.

Irás entendiendo mejor de lo que te hablo, en la medida que vayamos adentrándonos en mi historia.

CAPÍTULO 2

MIS PRIMEROS RECUERDOS

Mi familia procede del norte de España, concretamente de un pueblo de la provincia de León llamado Cistierna.

Mi padre emigró a Venezuela antes de que yo naciera y resumiendo, en el último viaje de regreso a España fue cuando fui engendrado.

Yo, sin embargo, nací en Guardo, en la provincia de Palencia, debido a que mi padre después de venir del extranjero, se asentó allí con toda la familia por motivos del trabajo. Posteriormente mi padre y tras el fracaso del negocio que tenía en mi localidad natal montado, tomó la decisión de que nos trasladáramos a Madrid donde empezó a trabajar en la empresa llamada Jose Banús. Corrían los tiempos en que la empresa Jose Banús estaba construyendo en Marbella, el que ahora es internacionalmente famoso, "Puerto Banús" por lo que le propusieron a mi padre un puesto de responsabilidad en su sede en dicha ciudad, puesto que aceptó y nos mudamos, nuevamente toda la familia, pero esa vez en dirección al sur, cuando yo contaba con algo más de tres años de edad. Motivo por el cual yo siempre he dicho que Marbella es mi ciudad ya que mis recuerdos se fijan en esta hermosa ciudad a orillas del Mediterráneo.

Marbella, hace más de cincuenta años, no era la ciudad turística e internacionalmente conocida que es hoy en día, era más bien un pueblo. Un pueblo que empezaba a crecer y a abrirse al mundo, pero un pueblo al fin y al cabo. No quiero dar una impresión errónea cuando digo que era un pueblo, así como no lo hago desde el punto de vista despectivo, simplemente, es que era un pueblo y me refiero con ello, a que una familia que procedía del norte de España y que además era de tantos miembros, no pasaba desapercibida.

En primer lugar no pasaba desapercibida por nuestra forma de hablar, y me explico: nosotros hablábamos castellano y ellos andaluz y esto en aquellos tiempos y en aquella mentalidad era "ser finolis". Esto que parece inconcebible hoy en día ya que en Marbella se dan cita, no solo diferentes acentos, sino múltiples idiomas; en una Marbella de los años 60 del siglo pasado, era raro, novedoso. Me di cuenta de este hecho en mis primeros años escolares y me acompañó hasta el final de mis días de colegial. Siendo un niño, este hecho me marcó con la etiqueta de "niño raro", ya que los demás niños se burlaban de mi forma de hablar tan "finolis" simplemente porque pronunciaba las eses.

Hablar castellano y no andaluz, sumado a experiencias que te narraré más adelante, hizo que me viera diferente al resto de niños de mi clase en la escuela.

¡Fue el primer rechazo que sentí!

LOS AÑOS EN LA ESCUELA

Era el año 1969 cuando empecé en el colegio. Iba a clase con mi hermano mayor y me sentía protegido. Era la escuela parroquial de la iglesia de "La Encarnación", que estaba construida de manera provisional, mientras terminaban las obras del colegio que actualmente sigue funcionando como tal, en lo que fue una antigua fábrica de esparto. De hecho, se bautizó coloquialmente al improvisado colegio como "Colegio Esparto", siendo este nombre más conocido popularmente que el suyo verdadero, al menos para los alumnos de mi generación.

Sus instalaciones no disponían de sitio suficiente, ni material adecuado como para albergar a dos nuevos alumnos, por lo que tuvimos que llevar de mi casa nuestro propio pupitre. Así como, tampoco disponía de espacio al aire libre para juegos, por lo que la clase era el patio de recreo. Toda una aventura para un niño de 6 años. A mí me daba igual, yo iba a ir a la escuela, me sentía mayor y estaba emocionado: un montón de niños y lo recuerdo como algo que fue muy divertido.

Recuerdo, como anécdota, que repartían leche en polvo los sábados por las mañanas cuando terminaba el colegio. Un paquete para cada niño, el mío llegaba a mi casa, casi siempre, medio vacío. ¡Qué rica estaba!

Al siguiente curso, no teníamos colegio, así como te cuento, ya que habían derribado la fábrica de esparto y estaban construyendo un asilo para ancianos y las obras del nuevo colegio no estaban aún terminadas. Así, de manera provisional y mientras lo concluían, nos alojaron en otro centro que estaba, por aquellos años, a las afueras de Marbella. Bastante lejos de mi casa, cerca del antiguo cementerio municipal y para desplazarnos hasta allí, nos facilitaron unos autobuses desde el centro de la ciudad.

Mismos profesores y mismos alumnos pero diferente entorno. Íbamos, tanto los profesores como los alumnos, en aquellos autobuses y era muy divertido, parecía como que cada día me fuera de excursión y recuerdo mil y una aventuras en estos autocares.

Pero lo que más recuerdo de este curso y que también más me impresionaba, era que este colegio provisional tenía un gran patio para jugar en el recreo. Patio donde también practicábamos deporte. Como ya te comenté anteriormente, no teníamos patio de recreo en el "Esparto" y tampoco lo íbamos a tener en el colegio nuevo que estaba a punto de estrenarse, cosa que agradecí y entenderás el por qué mas adelante.

Pasaron unos meses y el nuevo colegio parroquial, que de ahora en adelante pasaría a llamarse "Colegio Monseñor Rodrigo Bocanegra" en honor al párroco de la iglesia de "La Encarnación" de la que dependía el colegio, ya estaba terminado y listo para que se llenara de alumnos. Estrenamos el nuevo edificio y a mi hermano y a mí nos distribuyeron en diferentes aulas. Él es casi tres años mayor que yo y era lo normal, pero a mí esa idea no me gustaba. Aunque siguiéramos yendo juntos al colegio, la idea de estar sin él en el mismo aula, lo que yo interpretaba como estar solo, era algo nuevo y me causaba miedo… pero yo quería aprender, así que se me pasaba pronto ese mal rato.

Aprendía a leer y a escribir, recuerdo que me entusiasmaba: la m con la a, ma; la m con la e, me. Mi mamá me mima. Yo amo a mi mamá. Frases que se han quedado grabadas en mi mente a la vez que la sensación de unas manos (y lo que no son las manos también) recorriendo todo mi cuerpo mientras yo, sentado en el regazo de mi profesor de primaria, aprendía a leer… no voy a entrar en detalles, tu imaginación ya está haciendo el trabajo por mí, ¿verdad?

Este profesor me hablaba con mucha dulzura y me hacía ver que si me "tocaba", era porque sentía cariño por mí, porque era especial para él.

Me decía que eso tendría que ser nuestro secreto.

Recuerdo que me sentaba en su regazo como lo hacía mi madre y me daba cariño.

Mi profesor supo manipularme y yo le creí, es más, me sentía bien, me sentía querido, incluso cuando me bajaba los pantalones.

Tengo que admitir que yo no sentía ningún trauma por ello, al contrario, creo que hasta me gustaba, me hacía sentir que realmente yo era especial al estar sentado en sus rodillas y acariciarme delante de la alborotada clase, además me sentía tranquilo porque llevaba puesto mi "babi" cuando "eso" ocurría, por lo que pensaba que nadie podía ver lo que sus manos me hacían.

¿Nadie?

Todo a mí alrededor parecía normal.

En el fondo sabía que aquello no estaba bien pero era un secreto y yo no era un chivato. Confié en él, igual que lo hacía con mi madre y él me traicionó. No me hizo daño físicamente, simplemente abuso de mí y me enseñó algo que un niño de siete años no está preparado a aprender. Mentiría si dijera que fue una experiencia desagradable, no lo fue físicamente pero el daño que me causó fue tremendo.

Ese niño grande y sano al nacer, con los ojos verdes, se empezó a transformar en un niño introvertido, solitario y triste, un niño con un secreto que no podía ser desvelado.

Desde ese momento, la frase de mi mamá me mima, dejó de tener el sentido que había tenido hasta la fecha y dejé de querer estar sentado en el regazo de mi madre nunca más y ella pensó que era porque yo me estaba haciendo un hombrecito. Tengo que admitir mi amigo lector, que no fue solamente por el hecho de lo que pasó con este profesor de primaria por el que dejé de querer estar sentado en el regazo de mi madre y que ella me diera mimos y cariño, sino que también empezaba a sentir que tanta protección era como si me asfixiara: yo quería ser mayor y recibir el mismo trato que veía que mi madre daba a mi hermano Roberto, hermano por cierto, con el que siempre me he comparado sintiéndome inferior porque mi padre contaba con él para que le ayudara cuando estaba haciendo cualquier trabajo de bricolaje (así lo llamamos ahora) en la casa, que eran muchas veces, y de mí nunca se acordaba. Mi madre, por otro lado, le llamaba "canito" por una serie de dibujos animados que echaban en televisión por aquellas fechas. Es más, lo llamaba "canito, hijo mío bien amado", de manera cariñosa ya que era desde muy temprana edad un "manitas" y mi madre recurría a él para que le arreglara cualquier pequeño desperfecto en la casa en ausencia de mi padre. Él sabía cómo hacerlo, se lo habían enseñado… me sentía un inútil a su lado.

Ese era el ambiente que yo respiraba en mi casa y como ya harás observado, mi querido lector, se estaba creando en mí, un complejo de inferioridad que he arrastrado muchos años como indeseable compañero de viaje en mi vida.

Por otro lado, en el colegio, los niños de mi clase, mis compañeros, aquellos que yo creía que no se daban cuenta de nada de lo que estaba sucediendo entre el profesor y yo, empezaron a rumorear entre ellos acerca de porque yo leía la cartilla en el regazo del profesor y ellos no. Hacían todo tipo de comentarios y burlas delante de mí.

No creo que los niños sean crueles, simplemente no tienen filtros a la hora de decir lo que piensan y es por eso que hacen daño. Dicen la verdad y la verdad hace daño cuando se dice en modo de bromas y burlas y más aún, cuando no quieres que se sepa.

Sí, me hirieron con sus burlas y comentarios pero más me herí yo a mí mismo permitiendo que eso me afectara. Fue en ese momento cuando realmente me di cuenta de que lo que había sucedido estaba mal, muy mal y yo era uno de los participantes en el delito. Me sentía culpable y a la vez descubierto, aunque trataba de negarlo a toda costa delante de ellos… a mí mismo no podía engañarme.

Puedes estar pensando el por qué no lo confesé en mi casa, a mis padres, y la respuesta es muy sencilla: si mis compañeros se burlaban y se metían conmigo por lo que ocurrió y yo me sentía culpable y avergonzado, pensaba simplemente que mis padres se enfadarían muchísimo conmigo y que su castigo hacia mí, sería tremendo si llegasen a enterase. Por otro lado, no iba a permitir que esta situación se supiera en mi casa porque ya tenía bastante con cómo me sentía allí con las continuas comparaciones que me hacía con mi hermano como ya te conté. Así es como decidí, si decidí con siete años, callármelo y actuar como si nada estuviera ocurriendo, como si todo fuera bien conmigo, pero estaba equivocado, si que había ocurrido y además estos hechos marcaron mi vida para siempre.

El cariño se convirtió, en algo así como una verdadera agresión hacía mí y además, tenía un gran secreto que guardar a toda costa.

Dejé de sentir el calor de mi madre al no querer estar más en su regazo pero lo echaba en falta, por lo que me dediqué a llamar la atención, ¿cómo?, te podrás estar preguntando, muy fácil: llorando.

Cuando lloraba mi madre siempre estaba allí para consolarme, preocupándose por mí y preguntarme qué había pasado.

Lloraba cuando mis hermanos mayores se metían conmigo.

Lloraba cuando me mandaban a hacer algo y yo no estaba dispuesto a hacerlo.

¡Lloraba por todo!...
Me convertí en el llorón de la familia y eso les cansó...

Lloraba tanto que mi madre me ofreció darme cien pesetas el día que estuviera todo el día sin llorar.

Nunca gané esa apuesta, pero recuerdo un día que había hecho un gran esfuerzo y no lloré en todo el día...

¡Casi todo un día sin llorar!

...hasta que al llegar la noche, cuando estaba ya viéndome con las cien pesetas en mi poder, de repente mi hermana mayor, Maribel, vino a mi lado y no paró de chincharme hasta que fui un mar de lágrimas, perdiendo con ello la oportunidad de ganar.

Muchos años después mi hermana me confesó que mi madre le había dicho preocupada, ya que cien pesetas de aquella época eran una pequeña fortuna, que tendría que darme ese dinero porque se estaba acabando el día.

Maribel se encargó de que mi madre se quedara tranquila, diciéndole: "no te preocupes mamá, yo me encargo"… y se encargó bien.

Dejé de llorar, con el tiempo, para dar paso a hacer lo que los demás esperaban de mí de una forma muy calculada para llamar la atención y ser tenido en cuenta.

Llorar también dio paso, más adelante en mi vida, a la rebeldía, a la autocompasión y el victimismo como manera de captar la atención de los demás a la par que utilizarlos como mecanismo de defensa para no asumir la responsabilidad de mis actos y tener siempre a alguien al que culpar. Lo irás descubriendo más adelante.

Culpé de todo lo que me estaba pasando a mi profesor de primaria y le odié por lo que había hecho.

¡Eso no se le hace a un niño de siete años!

Pero más me odié a mí por permitirlo y encima llegar a verlo como algo normal, algo que me hacía sentir especial y que incluso llegara a gustarme.

¡Me odiaba por ello!

El dolor era muy grande, casi inaguantable y la vergüenza más grande aún. Trataba de buscar justificaciones para no sentirme tan mal y la más razonable que encontré fue actuar como si nada hubiera ocurrido.

¡Literalmente, me lo tragué!

Con el tiempo dejé de llorar por todo para convertirme en una persona mental, un ser muy racional que solo actuaba "de coco", evitando contactar con todo lo que tuviera que ver con los sentimientos y sin saber las consecuencias que eso traería a mi vida futura,

¿cómo podría haberlo sabido?

Dejé apartado todo lo que implicara sentir en un baúl cerrado bajo siete llaves y encontré mi refugio en los estudios. Me convertí en el típico empollón que lo aprobaba todo, con lo que además, mis padres estaban contentos conmigo y contaba con su aprobación, consiguiendo también que no sospecharan nada de lo que me sucedía. Mi madre me valoraba el hecho de que fuera tan buen estudiante y estaba muy orgullosa de mí, incluso presumía delante de sus amistades acerca de ello. A mí no me llenaba nada ser un empollón. No lo hacía por mí, por mejorar y aprender, aunque me gustaba. Lo hacía por escapar de mi realidad. Lo hacía por no desvelar mi secreto y no fue hasta que tuve veintidós años que lo vomité.

Me refugié en el aislamiento, ya que descubrí que en la soledad nadie podía hacerme más daño… al menos eso pensaba yo, sin darme cuenta que…

Estaba creando mi peor enemigo, yo mismo.

Busqué en la soledad mi evasión como refugio, así como en los animales, siempre quise, desde bien pequeño, ser veterinario: me atraían mucho los animales y lo pasaba bien con ellos. Dedicaré un capítulo de este libro a este asunto ya que fue algo que tuvo gran impacto en mi vida.

Era un niño solitario que no quería, ni tampoco sabía, como relacionarse con los demás niños

pero todos necesitamos amigos y más los niños, por lo que me inventé uno y..

Fue cuando creé a José.

Le bauticé como José porque es mi primer nombre y el que nunca utilizo y me fue fácil hacerlo, no sé, fue como más familiar. José me entendía, hablaba con él y me entendía mientras el resto de personas, "los mayores" no me entendían para nada. José sabía lo que me pasaba y me acompañaba. Los demás no llegaban a entenderme, aunque bien pensado:

¿Cómo podrían entenderme si yo era el que no me abría a ellos?

En aquel momento, no me daba cuenta que estaba desarrollando dos personalidades bien distintas:

Una era la imagen que estaba dando a los demás de un niño complaciente, responsable y educado, siempre tratando de agradar a los demás para no ser rechazado ni criticado.

Otra, era una especie de "bicho raro" al que nadie podía entender salvo José. Me convertí en un niño que empezaba a hacer "cosas malas" a escondidas con la justificación de que a él le habían hecho daño.

Creo sinceramente
y estoy convencido
de ello, que fue
ahí, con siete años,
cuando empecé a
ser toxicómano.

CAPÍTULO 3

DESPEDIDA DE LA INFANCIA

Con nueve años me cambiaron de clase y empecé con otro profesor y una nueva etapa. A mi profesor de primaria no le vi más por las aulas. No sé si fue él quien dejó el colegio o le expulsaron. Nunca me enteré del motivo real y tampoco lo pregunté jamás y la verdad que poco me importaba. Para mí fue un alivio no verlo más.

Desgraciadamente a mis compañeros de clase no los expulsaron, ni tampoco dejaron el colegio, con lo que tuve que seguir soportando sus burlas y comentarios, por hablar "finolis" y por ser el "favorito del profesor".

Creí que al no volver a ver más a mi antiguo profesor me liberaría de la vergüenza y la culpabilidad que sentía por haber sido un "niño malo" pero estaba equivocado por completo, mis compañeros se encargaron de recordármelo casi a diario y de una forma cruel, al menos, así yo lo vivía.

Me pasé ese curso esperando a ver cuándo, este nuevo profesor, me llamaría para sentarme en su regazo, cosa que nunca ocurrió.

Quería que mi nuevo profesor me llamara y me sentara en su regazo para delatarlo y así demostrar a todos que yo no había sido responsable de lo que anteriormente había pasado y quedar bien, como un héroe delante de mis compañeros y que estos dejaran de meterse conmigo, pero…

¿Qué te estoy contando?

¡Esa no es la verdad de lo que yo realmente deseaba!

Me he pasado la mayor parte de mi vida engañándome a mí mismo, re-inventándome las situaciones a mi conveniencia, para tener una justificación razonable que me cuadrase, y a veces, de tanto mentirme la mentira, he llegado a creerme mi propia invención, de tal manera que distinguir lo que es verdad de mi mentira creada, me ha llevado mucho tiempo descubrirlo y mucho más admitirlo.

Pero es hora de decir la verdad: solo la verdad me liberara de esta carga que he llevado acuestas demasiado tiempo.

Es hora de despertar de este engaño que yo mismo me he impuesto.

Es hora de ser valiente y admitir que era yo quien estaba esperando a que mi nuevo profesor me llamase porque quería volver a sentirme especial. Con mis escasos diez años, era yo el que quería volver a vivir lo que viví con mi profesor de primaria. Tengo que serte sincero mi querido lector, era yo quien estaba deseando que esto ocurriera y aunque este hecho nunca sucedió, yo lo deseaba.

¿Cómo podía estar deseando algo que me había hecho y me seguía haciendo tanto daño?

No entendía nada, estaba muy confuso y me avergonzaba a mí mismo al sorprenderme pensando cómo sería estar sentado sobre sus rodillas… me sentía más culpable y más confuso y más me refugiaba en mi soledad y más me volcaba en mis estudios y sobretodo, más me volcaba en quien siempre me consolaba, mi amigo José, a él no hacía falta que le contara la verdad de mis pensamientos, la verdad de mis sentimientos, él ya la sabía y me aceptaba, pero para el resto del mundo, había levantado un muro a mi alrededor.

Ahora entiendo que lo que realmente me hizo daño, fue las burlas y las bromas de mis compañeros de clase y no el hecho del abuso.

Si soy homosexual desde que nací o empecé a serlo a partir del abuso que tuve… nunca lo sabré.

Lo que sí sé y tengo que decirte, es que mi profesor de primaria despertó a un monstruo cuando yo no era más que un niño y eso me hizo daño pero nada en comparación con el que yo me estaba haciendo a mí mismo.

Lo que sí sé, es como pasaba el tiempo, refugiado en la soledad, con la única compañía de mis mascotas y de José, fantaseando e imaginándome en convertirme en alguien famoso: quería, más bien soñaba con diez años, con ser un niño prodigio, un cantante como veía a otros niños en las películas: Marisol, Joselito, La Pandilla… Los admiraba, me pasaba el día cantando a solas. Yo quería ser como ellos pero sinceramente no hacía nada para serlo, ya que sabía que mi canto no era precisamente el de un "ruiseñor". Recuerdo que se lo pedía a Dios cuando iba a la iglesia los domingos. Yo quería ser diferente y Dios me concedió el deseo…

¡Yo fui diferente!

Entre tanto, llegó el momento de hacer la Primera Comunión, a los diez años de edad. Mi catequesis consistió en estudiar, creo recordar cuatro catecismos, cada uno de un diferente color, en donde, recuerdo, que había una serie de preguntas con sus respuestas al final de cada capítulo y que teníamos, que digo DEBÍAMOS DE MEMORIZAR y así poder pasar el examen que nos capacitaría para recibir el "Cuerpo de Cristo" por primera vez en nuestra vida. Yo las memoricé "al dedillo" y las repetía como un papagayo. Las repetía sin saber nada de su significado. No se molestaron, mis profesores, en averiguar si entendía o no aquello que estaba repitiendo, lo importante era que lo supiera y aprobase los exámenes, algo que para un ser puramente racional, no fue difícil.

Ahora veo claramente que mis profesores no indagaban en nosotros para saber lo que realmente estábamos interiorizando de esos catecismos, porque ellos mismos eran los que tenían sus dudas, e intentar aclarar dudas cuando tú mismo tienes un mar de dudas, es como un ciego que trata de guiar a otro ciego, inevitablemente, se caen al hoyo.

Y también creo, con el corazón en la mano y sin ánimo de ofender a nadie, que ellos no querían caer al hoyo, o ya estaban en él porque tampoco nadie, cuando eran niños, se había preocupado de ellos. Tampoco nadie en su infancia, se ocupó de saber lo que ellos tenían interiorizado de los famosos catecismos.

Ya sabes: nadie da lo que no tiene y los maestros no son una excepción.

Tengo que apuntar que el nacer y crecer en un país bajo el régimen de una dictadura, donde las libertades estaban restringidas y la religión católica era una imposición, cuestionar algo que el régimen franquista implantaba, era poner en peligro tu "libertad". Pensar diferente al régimen o simplemente cuestionar a la autoritaria iglesia católica, en aquella época, podía costarte cuanto menos, el rechazo de toda la sociedad y hasta incluso la misma vida… y no te voy a hablar de lo que suponía ser y declararse homosexual, eras automáticamente etiquetado como "maricón", insulto despectivo con el que generalizadamente se mostraba el rechazo, incluso el asco, por la gran mayoría de la sociedad hacia los homosexuales.

Una sociedad a mi juicio hipócrita y obediente porque haberlos los había y los demás lo sabían pero esconderlo era la norma y así todo estaba "bien".

La marginación, el miedo al rechazo que creaba el estigma de ser homosexual, estaban garantizados.

Algo que las generaciones que han vivido desde la democracia, afortunadamente, no tienen ni que plantearse.

O... ¿Sigue ocurriendo?

Evidentemente, de esto que te acabo de contar, no era totalmente consciente a la edad de diez años pero por ello, no quita que viviera sus consecuencias, ya que cuando escuchaba conversaciones entre los mayores acerca de los "maricones", siempre hablaban de ellos de una manera muy despectiva y los ridiculizaban. Recuerdo haber estado presente a esa temprana edad, en "reuniones" con algunos· amigos de mi padre, cuando iba a buscarle al bar donde se estaba tomando "una copita de vino" después de trabajar, mandado por mi madre para avisarle de que la cena estaba servida en la mesa, donde estos hombres, supuestos amigos de mi padre, al menos amigos de barra de bar, hablaban de los homosexuales como si fueran unos pervertidos y malvados a los que había que perseguir y que el mejor de ellos debería estar muerto. Recuerdo que incluso uno de ellos en cierta ocasión llegó a afirmar: "si yo tuviera un hijo "maricón" lo echaría a la calle".

Sus palabras se grabaron a fuego en mi mente infantil.

Mi padre no daba su opinión en estos casos, pero se reía con los que estaban hablando, lo que me corroboraba que él, mi padre, estaba de acuerdo con ellos.

Parecía como si despotricar de los homosexuales les convirtiera en más hombres.

Me sentía fatal y lo único que quería era volver a mi casa.

Mi padre era franquista y además muy católico y se reía con ellos, por lo que pensaba que mi padre era capaz de echarme de casa si supiera algo de lo que yo callaba.

Yo no era "maricón" y me justificaba con que fue mi profesor de primaria quien me había contagiado con el **virus de la homosexualidad** pero yo no era realmente así. De verdad me lo creía, así como te cuento, pero como siempre, me lo tragaba y actuaba como si no me afectara.

No estaba dispuesto a que me tachasen de "maricón" la gente por la calle.

Ya tenía bastante con las burlas y los comentarios por parte de mis compañeros de curso. Ya tenía bastante con sentirme inferior cuando me comparaba con mi hermano. Al menos, esas situaciones, aunque desagradables ya me eran familiares, ya me había acostumbrado a ellas y las sobrellevaba, siempre con la ayuda de José, de mis mascotas y refugiado en la soledad… pero enfrentarme al rechazo de mi padre, de mi madre, de toda mi familia… no era una opción.

El muro que estaba levantando a mi alrededor cada vez tenía más ladrillos y era más alto.

Tras este inciso de recuerdos y reflexiones, continuaré con mi relato…

El estar en un colegio parroquial, dependiente de la iglesia, el acto de recibir la Primera Comunión, se vivía con verdadero fervor. Todos los profesores parecían entusiasmados con el hecho de que fuéramos bien preparados para ello. Nos reunían en la iglesia, no para hablar de Jesús y su mensaje, ¡No! Nos reunían allí para ensayar el acto, para que todo saliera bien el día de la ceremonia. Nos colocaban incluso en el orden que debíamos de estar en la fila y hasta la manera de llevar puestas las manos (entrelazados los dedos, a la altura del corazón), camino al altar donde el cura nos recibiría con la famosa "hostia consagrada".

Yo, en un acto, no sé si de rebeldía o por destacar, puse mis manos de manera diferente al resto de mis compañeros. Así lo demuestran las fotos que aún guardo del evento.

No te voy a negar que yo estaba más curioso en saber a qué sabia esa "hostia" que al acto en sí. Estaba más pendiente a que no se me olvidara decir amén, cuando el cura me dijera por primera vez: "el Cuerpo de Cristo" con la oblea en la mano dirigiéndose directamente a mi boca, que a lo que significaba cristianamente que era el "Cuerpo de Cristo".

¿Cuerpo de Cristo? ¿En una oblea? Creía que se trataba de algo mágico que le ponían a las esferas blanquecinas mientras la oblea estaba en el sagrario y se transformaba.

La "hostia", ¡eso es! El Cuerpo de Cristo entrando en mi cuerpo, eso era lo que yo necesitaba para convertirme en un "niño bueno" en un niño normal, como yo veía que eran mis compañeros.

Eso era lo que necesitaba, algo mágico y ajeno a mí que al entrar en mi cuerpo me transformara y dejara de pensar en las cosas que pensaba.

Eso era lo que necesitaba para superar mis complejos y tener "poderes" para dejar de compararme con mi hermano y no sentir la inferioridad.

Llegaba a emocionarme pensando en que ese día cambiaría mi vida para siempre. De verdad, así lo creía desde mi desesperación, mi inocencia y desde toda mi ignorancia.

Así era como yo pensaba a la edad de diez años y lo preparado que fui a recibir este sacramento impuesto como obligación.

Toda esta emoción que sentía ante el deseo de que el Cuerpo de Cristo, la "hostia" entrara en mi por primera vez, cambió pocos días antes de recibir la Primera Comunión, cuando nos obligaron a confesar nuestros pecados ante un sacerdote que yo ni conocía, con el pretexto de que teníamos que tener "limpio el corazón" de pecados para recibir el "Cuerpo de Cristo" por primera vez.

Yo no confesé mi secreto en absoluto, le conté a ese señor que a veces discutía con mis hermanos y me enfadaba con ellos y que no les pedía perdón, algo para salir del paso, lo primero que se me vino a la cabeza.

¡Me sentí pecador por haber mentido!

Mentí en acto de confesión cuando iba a hacer la Primera Comunión. Me había convertido en pecador oficialmente y esta vez sí que era consciente de lo que estaba haciendo. Había sido malo y tenía que pagar por ello. Había ofendido a Dios con mi mentira y el infierno me esperaba….

Mi madre estaba entusiasmada con el hecho de que yo iba a hacer la Primera Comunión, mi madrina me había regalado un traje de marinero para ir presentable y yo no quería ni disfrazarme, ni asistir al acto.

Yo, en cambio…

Recuerdo que estaba llorando cuando, de camino a la iglesia, de la mano de mi madre, nos dirigíamos a la ceremonia.

Yo no quería recibir el "Cuerpo de Cristo" por primera vez, no estaba limpio de pecado, me sentía sucio y sobre todo no quería ir al infierno. Ya hasta ni me hacía ilusión el hecho de que pensara que fuera a ocurrir algo mágico que me convirtiera en un niño normal al tragar la oblea consagrada.

¡Había pecado y eso era muy gordo!

¿Cómo podía yo parar todo esto? ¿Quién me iba a creer? Tenía solo diez años y lo veía imposible, para ello tenía que revelar mi secreto y no solo eso, tendría que admitir ahora que además había mentido en confesión. Mi padre "me mataría" si se enterara debido a sus férreas creencias católicas y a mi madre le daría un disgusto de muerte y no quería hacer daño a ninguno de los dos.

La pelota se hacía más y más grande y decidí nuevamente callar y actuar como si nada estuviera pasando. No tenía ni la menor idea del daño que me estaba haciendo y no solo eso, no sabía que estaba sentando las bases de mis creencias:

Soy un pecador y seré castigado por ello. ¡Iré al infierno!

Ahora sé que estaba sentenciando mi destino, estaba lanzando una petición al Universo y fue exactamente lo que me vino de vuelta y más adelante:

Viví el infierno reflejado en mi vida, más de lo que lo era a esa edad.

Recuerdo que como penitencia al ser un pecador me ponía garbanzos dentro de mis zapatos cuando iba al colegio para que al andar sintiera dolor y así dejara de pensar en todo esto, con la esperanza de que Dios se diera cuenta del sacrificio que estaba haciendo y me perdonara y con ello, librarme de ir al "tostadero".

¡Todo fue en vano!

Mi tortura seguía sin detenerse por muchos garbanzos que pusiera en mis zapatos, por mucho dolor que esto me causase, lo único que saqué en claro fue un terrible dolor en la planta de los pies, ya que no podía evitar pensar que este nuevo profesor me llamase, no podía evitar el desear que esto ocurriera. No podía evitar el sentirme pecador por haber mentido en confesión y no estar limpio al recibir el cuerpo de Cristo por primera vez y además no podía evitar que yo guardara un secreto terrible.

Solo sentía alivio cuando hablaba con mi amigo José y me consolaba, él sabía que yo no era malo y me aceptaba. Me decía: "Todo está bien, no te preocupes" y yo quería creerle.

¡Necesitaba creerle!

Como verás, no es el tipo de vida que cabe esperar de un niño de diez años de edad.

Tengo que admitir que no todo era malo en aquella época y había momentos que disfrutaba jugando con otros niños, los fines de semana, en invierno, y las tardes de verano. Nos reuníamos detrás de la casa de mis padres y jugábamos al "matar", al rayo, a las canicas, "al hoyo", "al moro", a la pelota…¡lo pasábamos muy bien!, eran los momentos de evasión donde se me olvidaban todos mis "comecocos" y "amarguras" convirtiéndome en un niño, además iba con mi hermano Roberto y me sentía protegido, cosa que también cambio cuando mi hermano creció y dejó de ir a jugar al patio conmigo.

CAPÍTULO 4

CAMINO A LA ADOLESCENCIA

He hecho muchas cosas en mi vida de cara a los demás, por tratar de quedar bien, aunque con ello a mi me perjudicara.

Venimos a este mundo sin libro de instrucciones con el que vivir la vida y empezamos a tomar como modelos a nuestros padres. En mi caso, yo no quería ni parecerme, ni ser como mi padre, pero inevitablemente fue mi modelo, aunque para mal ya que sentía que a mí no me tenía en cuenta pero sí que veía cómo de mis hermanos mayores se preocupaba, llegando a pensar seriamente que a mí no me quería y que era simplemente "uno más".

También es cierto que yo era un niño muy introvertido que había levantado un muro a su alrededor y más bien creo que fui yo el que no quería tener un trato cercano con él, por miedo a que me descubriera.

En ese ambiente fui creciendo y con catorce años, empecé, paradójicamente, a tomar como modelos a los chicos que se burlaban de mí en el colegio, aunque a esa edad ya no se metían conmigo tanto, debido a que, en la pubertad, estaban más pendientes de ligar con las chicas que de ridiculizarme, cosa que agradecía.

El tema de las chicas a mí no me atraía, pero sí me atraían los chicos, no podía evitarlo, aunque lo viera como algo que no era lo "natural" y me hiciera verme como "un bicho raro" y estuviera muy incomodo conmigo, además de vivírmelo como un tabú… pero me atraían los chicos… y mucho.

Tenía catorce años y se iba despertando mi sexualidad y con ella el interés de expresarla pero no podía, me la reprimía.

Lo único que conocía con respecto a la sexualidad, era lo que mi profesor me hizo y con el paso del tiempo más me gustaba pensar en ese hecho. Fantaseaba con encontrármelo por la calle un día y hablar con él y llegar a estar, ahora que ya era más mayor y más consciente de mi cuerpo, juntos, desnudos frente a frente.

¿Qué hizo de mí este hombre?

Me había convertido en un monstruo, pensaba

¿Cómo es posible que desee eso?

Yo no soy homosexual, me repetía. Él me ha inculcado esto y le odiaba por ello, en un intento de reprimir lo que dentro de mí empezaba a ser una necesidad, aunque exteriormente actuaba como si todo estuviera bien, como si a mi nada me pasara. Por otro lado, estaba empezando a estar harto de estar solo y mi amigo José ya no era suficiente para calmar mi malestar ni para consolar mi sufrimiento.

Veía que los chicos en la clase eran respetados al salir con chicas y también por el hecho de que algunos incluso fumaban a escondidas, lo que causaba admiración en el resto. Yo quería ser como ellos, quería ser aceptado y admirado. Estaba harto de ser el empollón de la clase y decidí destacar. Como si no fuera poco, a la autocompasión, la inferioridad y la culpabilidad que sentía, aquí fue donde empecé a llamar la atención desde la rebeldía: sabía que algunos de ellos, a veces, faltaban a clase y se iban a la playa con sus amigos y luego cuando venían al aula, al día siguiente, hablaban de sus hazañas y los demás chicos se quedaban con la boca abierta escuchándoles al igual que yo. Aquello me parecía toda una hazaña a mis catorce años.

Un día decidí imitarlos e hice "la rabona". Salí de mi casa como cada día, pero en vez de ir al colegio, me quedé en la calle Viento, una calle peatonal poco transitada de mi pueblo, cercana a la iglesia y muy cerca del colegio también. Sentado en un portal, escuché las campañas del reloj de la torre de la iglesia dar las nueve, hora de entrar en clase y me convencí de que estaba haciendo lo correcto, de que estaba haciendo una gran hazaña. Sonaron diez campanadas y once y allí seguía, sentado en ese portal, aburrido, sin saber qué hacer y pensando en la explicación que yo me estaba perdiendo por parte del profesor. Había faltado a clase pero no tenía ningún plan. No quería moverme de ese lugar por temor a que alguien me viera y se lo pudiera contar a mis padres o a mis profesores. No iba a ir a la playa con mis amigos, es más…

¿Qué amigos? ¡No tenía amigos!

Allí me quedé toda la mañana escuchando las campanadas del reloj de la iglesia deseando que llegara la hora de salir del colegio para volver a casa, convenciéndome de que estaba haciendo lo correcto e imaginando la cara de admiración de los demás chicos al día siguiente cuando les contara mi hazaña.

Allí estuve yo… solo, más aburrido que divertido toda la mañana.

¡Esa fue mi verdadera gran hazaña!

Hice algo que realmente no quería, en un intento de ser aceptado por los otros chicos.

Pero haciendo un inciso a esta altura de mi relato mi querido lector, déjame que te pregunte algo:

¿Qué haces tú para ser aceptado por los demás?

¿Por qué eso es importante para ti?

¿Qué sacrificas de ti mismo para conseguirlo?

¿Cómo te lo justificas a ti mismo?

¿Te merece la pena?

Después de esta reflexión, continuaré con mi relato…

A la mañana siguiente, mi profesor me preguntó que por qué había faltado a clase y le dije que porque no me encontraba muy bien de la "barriga". Todo se quedó ahí, él confiaba en mí, recuerda que yo era el "empollón de la clase". Con mis compañeros fue distinto, ellos también me preguntaron y fue cuando me di cuenta que mintiendo era como conseguiría mis mayores triunfos. Les dije que había hecho "novillos" y que había estado toda la mañana en el paseo marítimo con mis amigos y que además había fumado. Toda una serie de mentiras les conté que surtieron el efecto que yo esperaba.

¡Me escuchaban!

Fue la primera vez que me sentí aceptado en el grupo de compañeros de clase.

¡Me sentí un héroe!

A todo lo que ya tenía como "compañeros de viaje" le añadí la mentira como medio de evitar mostrarme yo mismo y ser aceptado. No me daba cuenta de que con ello estaba matando literalmente a mi yo interior, mi esencia.

¡Estaba matando a mi alma!

Estaba tan equivocado y tan falto de atención que muy por el contrario me sentía orgulloso, por faltar a clase y mentir me sentía un héroe, hasta las chicas se empezaron a fijar en mí, o eso me pareció al menos,

Aunque tengo que admitir que algo, una voz en lo más profundo de mí ser, me susurraba que estaba equivocándome cada vez más y más. Me decía que parara, que aún estaba a tiempo de parar. Voz que por supuesto yo ignoré porque nunca había tenido esa sensación de grandeza, de sentirme importante con los chicos de mi clase con anterioridad y tengo que confesar que me gustó.

¡Yo decidí no hacer caso de esta voz interior!

Desde ese momento todo empezó a cambiar. Había mentido tan bien que incluso los compañeros que hasta entonces se habían estado metiendo conmigo, empezaron a hablarme de otra manera, incluso uno de ellos me invitó a fumar a la salida del colegio y yo acepté. No podía decir que no, así que, aún sin haber cogido un cigarrillo en mi vida, acepté. Al terminar las clases nos fuimos a un descampado unos cuantos adolescentes y el que tenía el tabaco, sacó un cigarrillo y lo encendió. Yo estaba muy nervioso pero no podía decir que no cuando me lo pasó para que le diera unas caladas… chupé y eché el humo y él me dijo: "¿y así es como tú fumas?", y cogiéndome de la mano el cigarrillo, se lo llevó a la boca aspiró el humo, se lo tragó y después habló diciendo: "el hombre que sabe fumar, echa el humo después de hablar" y seguidamente echó el humo. Seguidamente, se dirigió a mi y me dijo: ¡ahora tú! Dudoso y confuso, cogí el cigarrillo, aspiré y me tragué esta vez el humo a la par que empezaba a toser, ¡qué malo está esto!, pensé, mientras ellos empezaron a reírse a carcajadas, a la vez que me miraban y señalaban con el dedo.

Yo me temía lo peor: ¡Ya me han descubierto!

Han descubierto que nunca antes había fumado, han descubierto mi mentira y por eso se ríen.

¡Tenía ganas de salir corriendo!

Estaba seguro de que empezarían a meterse conmigo, a burlarse de mí, otra vez, hasta que uno de ellos habló y me sacó de dudas: "no te preocupes, eso solo pasa al principio, cuando lleves unos cuantos cigarros fumados, dejarás de toser" dijo y siguieron riendo y fumando como si nada. Yo no salía de mi asombro:

¡Me habían aceptado en su grupo!

¡Ya era uno de ellos!

¡Ahora yo… reía con ellos!

Todo parecía que estaba cambiando, sabía que había mentido pero era por una buena causa, me repetía. Me sentía feliz y además no era la primera vez que mentía y me lo justifiqué así. Aunque mi conciencia, la voz de mi alma me dijera que estaba equivocándome, José estaba de acuerdo conmigo y eso me valía para acallarla.

A los pocos días de aquello, decidí que quería volver a pasar un rato con mis nuevos amigos y para eso lo que se me ocurrió fue "cogerle" a mi padre un par de cigarrillos y llevarlos al colegio. Sabía que estaba robándole aunque fueran solamente dos cigarrillos, y también sabía que eso estaba mal. En el fondo, tenía miedo de que me pillase pero aún así, me arriesgué a hacerlo. El querer volver a sentirme aceptado por mis "nuevos amigos" y esta vez, ser el protagonista al llevar cigarrillos, pudo más que el respeto hacia él y los valores que mi padre se molestó en inculcarme desde pequeñito. Me lo justifiqué pensando: "son solo dos cigarrillos, además así fumará menos".

Así lo hice y a la salida de clase, les dije a mis compañeros de irnos al descampado a fumar. Algunos pusieron excusas y se fueron, solo uno me acompañó y nos fuimos a fumar.

Estando en el descampado fumando con este "nuevo amigo", empezamos a hablar de muchas cosas: del colegio, de los profesores… de sexo. Yo empezaba a no sentirme cómodo con aquella situación pero aparentaba tranquilidad por no delatarme. ¿Sexo?, yo no sabía nada de sexo, para mí era un tema tabú, solo sabía la experiencia que había tenido cuando era más pequeño con mi profesor de primaria y este "nuevo amigo" era uno de los que habían estado en la misma clase que yo cuando esto ocurrió. Me puse muy nervioso pero le seguí la corriente para no delatarme, deseando terminar el cigarrillo y dejar de toser para volver al refugio de mi casa. No pasó nada más ese día. Él siguió hablando de una manera muy natural hasta que terminamos los cigarrillos y al despedirnos me dijo, mirándome a los ojos y con una sonrisa en la cara:

"No te preocupes que no se lo contaré a nadie, en mi puedes confiar".

Pensé que se estaba refiriendo al hecho de fumar a escondidas y le contesté: ¡vale!, y me fui. Fue al estar en mi casa a solas, hablando con José, cuando me asaltó la duda de a que se referiría realmente con aquello que me dijo en el descampado: "no te preocupes que no se lo contaré a nadie, en mi puedes confiar". No le contará a nadie ¿el qué? Solo habíamos estado hablando y fumando, que no era poco, pero nada más. Además él era tan culpable como yo de ese hecho y…

¿A qué vino esa sonrisa?

Empecé a sentir miedo. Mi conciencia no estaba tranquila y empecé a sentir mucho miedo.

Me daba la sensación que no se estaba refiriendo al hecho de fumar y relacioné el que fue él quien sacó la conversación sobre el sexo y que también él estaba en aquella aula de primaria, y… ¿aquella sonrisa?, ¿a qué se estaba refiriendo realmente? Me incliné a pensar que había una segunda intención en sus palabras. No sé muy bien cómo, pero me incliné a pensar que quería tener sexo conmigo.

¿O era yo quien quería tener sexo con él?

Él me había aceptado como su amigo, me había escuchado y fue amable. Había conseguido que pararan de bromear y de burlarse de mí aunque hubiera sido en base a una mentira y eso, para mí, ya era un logro. Era el último año en aquel colegio y lo único que quería era que se terminara cuando antes y olvidarme de la pesadilla que viví allí.... sea lo que fuera, decidí no volver al descampado con él ni con los demás chicos y aunque ellos me seguían invitando a ir, de vez en cuando, yo encontraba cualquier excusa para decir que no. En el fondo de mí, sabía que lo que había hecho no estaba bien, lo tenía muy bien justificado y me sentía aliviado y eso, de momento, me era suficiente.

Descubrí, a muy temprana edad, que la forma más fácil de salir triunfante de las situaciones era con la mentira y el engaño.

La mentira y el engaño me proporcionaban el placer a corto plazo que yo necesitaba para sobrevivir en un ambiente que me era muy hostil y aprendí a utilizarlos en todos los ámbitos de mi vida aún sabiendo que hacía mal.

He construido mi vida en base a mentiras que me he dicho a mí mismo, a veces durante años, con la única intención de auto-engañarme y no aceptar la realidad, una realidad por otra parte que, ahora sé con toda certeza, que yo mismo creé. Me tranquilizaba el tener un cómplice, un aliado que me entendía y José me daba la razón… pero: ¿y esa sonrisa?... no me quitaba de la cabeza esa sonrisa.

¡Estaba hecho un lío!

Mientras todo aquello sucedía, en mi clase creamos, a petición de la profesora, unos grupos de estudio para hacer el trabajo final de curso de la asignatura de literatura. Era obligatorio como complemento al examen final y requisito fundamental para ser evaluado y todos los alumnos deberíamos estar en un grupo y trabajar en conjunto. Nos teníamos que reunir una vez por semana, generalmente los viernes después de clase, para aportar cada uno de nosotros lo que había encontrado acerca del autor correspondiente y hacer un poster en una lámina de cartulina acerca de su vida y de su obra para luego exponerlo en clase, delante de todos los demás compañeros. Los grupos eran formados por el profesor de manera aleatoria y se formaban sacando los nombres de nosotros, los alumnos, que se habían introducido, escritos en pedacitos de papel, en una bolsa.

Hasta ese momento, siempre había hecho mis trabajos de la escuela solo y la idea de estar en un grupo no me hacía mucha gracia. En general, la idea de relacionarme con gente y más para hacer un trabajo, no me gustaba pero también quería aprobar la asignatura así que no tenía más remedio que hacerlo, sí o sí. Además la relación con mis compañeros ya no estaba tan tensa como en cursos anteriores, me habían empezado a aceptar, incluso había estado fumando con ellos, por los que mis miedos no eran tan grandes y me veía capaz de hacerlo. Así que decidí tomame como un juego esta nueva forma de aprender y divertirme lo más posible.

Llego el día de formar los grupos y yo estaba expectante de quien me podría tocar como compañeros de trabajo. Había hecho mis quinielas mentales y empezaron a salir los nombres de la bolsa y se empezaban a formar los grupos y a medida que avanzaba mi expectación crecía… Salió mi nombre y me tocó en un grupo que no me parecía mal pero aún quedaban nombres por salir y cuál fue mi sorpresa que "mi nuevo amigo", aquel con el que estuve fumando, el de la sonrisa que no me quitaba de mi mente, entró en mi grupo. ¡Qué casualidad!, pensé, de los cuarenta que somos tenemos que estar en el mismo grupo de trabajo. No sabía si alegrarme de ello o quejarme y pasarme a otro grupo poniendo cualquier excusa, pero ¿qué excusa iba a poner?, ¿quejarme?, ¡estás loco Fernando!, me decía mentalmente. Eso sería como delatarme y no estaba dispuesto a ello, así que lo asumí e hice lo que mejor se me daba hacer, actuar como si nada, como si no me importara. Era un grupo de trabajo e iremos a trabajar y punto… me repetía constantemente.

Al estar formado los grupos, nos reunimos para organizar en casa de quién sería la primera reunión ese viernes y decidí que fuera en mi casa. Por lo menos allí estaría más cómodo. Era mi terreno y ellos serían mis invitados, además tenía una enciclopedia que podríamos utilizar para hacer el trabajo. Todos lo aceptaron y así quedo la cosa.

Y llegó el viernes, momento de la reunión y fueron llegando mis compañeros. Empezamos a hacer el trabajo alrededor de una mesa en la que apenas entrábamos los cinco que formábamos el grupo.

Mi nuevo amigo se puso a mi lado. Yo estaba muy nervioso. El seguía sonriendo cada vez que me miraba y yo evitaba ni siquiera rozarlo, lo cual era imposible en una mesa tan pequeña. Me rozaba con la pierna, con el brazo y yo sentía como un calor recorría mi cuerpo pero que no era una sensación desagradable. No sabía cómo reaccionar en un principio y apartaba la pierna, casi como un acto reflejo, hasta que decidí no apartar la mía cuando la suya me tocaba para comprobar si a él le ocurría lo mismo, comprobando que no la apartaba. Era como una caricia... no sé cómo expresarlo.... excitante, ¡fue una experiencia excitante!... Terminamos el trabajo y poco a poco se fueron marchando mis compañeros y él se quedó hasta el final y al despedirse me volvió a sonreír. Yo muy fríamente me despedí, quería sonreírle también pero estaba muy avergonzado y no me atreví ni a mirarle a los ojos. También tenía mucho miedo y eso no podía ser verdad, pensaba que era cosa mía y que era yo el que había interpretado lo que quería creer. Asumí que yo me lo estaba inventando todo e hice,

otra vez, lo que siempre se me daba mejor hacer: actuar como si nada hubiera pasado.

Ese fin de semana no dejé de darle vueltas a lo que había ocurrido y cada vez que recordaba el roce de su pierna, me excitaba. Me imaginaba su pierna rozándome, su mano acariciándome. Le deseaba pero al mismo tiempo me lo reprimía. Me decía una y mil veces que eso no podía ser verdad, que eran solo imaginaciones mías. Me veía a mi mismo como a un "bicho raro" y no aceptaba lo que sentía. Más bien me reprimía lo que sentía y lo negaba.

En las siguientes reuniones con mis compañeros de grupo me mantuve frío y distante con mi "nuevo amigo". Evitaba siquiera hablarle directamente, no fuera que me delatase en la mirada y por ello me limitaba al trabajo que teníamos que hacer y nada más.

No fue hasta que la reunión se hizo en su casa, en casa de mi "nuevo amigo", cuando sucedió lo que ya llevaba tiempo esperando en silencio y no me atrevía a reconocer. Llegó el viernes del encuentro y estuvimos trabajando como de costumbre pero hubo una circunstancia que marcó la diferencia con el resto de las reuniones: estábamos en mitad de nuestro trabajo cuando la madre de mi amigo entró en la habitación donde nos encontrábamos y dijo: "bueno os quedáis solos, tu padre y yo nos vamos visitar a la abuela. Portaos bien", y besando a su hijo, se fueron de la casa. Ahí estábamos cinco adolescentes con una casa para nosotros solos.

A mí se me pasaron en un instante cientos de cosas por la cabeza pero me sobraban tres personas en la habitación.

Uno de ellos dijo que tenía cigarrillos en el bolsillo y nos ofreció uno a cada uno de los presentes. Mi amigo dijo que esperáramos un momento. Mientras, bajó al supermercado que había debajo de su casa y cuando volvió lo hizo con unas cervezas en la mano.

Todo parecía que íbamos a tener una fiesta y la tuvimos.

Yo nunca había bebido alcohol antes y la única referencia que tenía con respecto al alcohol era cuando había visto beber a mi padre al ir a buscarle al bar avisándole de que la cena estaba servida en la mesa. No, no era una imagen muy agradable la que guardaba de mi padre con una copa de vino en la mano y riéndose en esa reunión de hombres en el bar. Pero allí estaba yo, con mis compañeros de clase y no podía decir que no por miedo a sus burlas y que me llamasen cobarde, así que, nuevamente hice lo que mejor sabía hacer, actuar como si nada me afectara y decidí hacer lo mismo que ellos hacían. Encendimos un cigarrillo y empezamos a beber esa cerveza. No me gustaba el sabor de la cerveza, ¡qué amarga estaba!, y encima con el sabor del cigarro y la tos al tragar el humo me daban arcadas que aguantaba porque tenía que ser un valiente y no ser menos que ellos. Pronto empecé a sentirme más contento, era como si el miedo hubiera desaparecido, todo me parecía más fácil y divertido. El alcohol empezaba a recorrer mi cuerpo y con él sus efectos... estuvimos riendo y charlando hasta que la cerveza se acabó y los cigarros se consumieron. Se hacía tarde, llegaba el momento de regresar a casa por lo que mis compañeros empezaron a despedirse y se fueron yendo. Yo no quería irme, estaba muy contento y por una vez, por primera vez en m vida, no estaba cuestionándome nada, no le estaba dando vueltas a la cabeza si aquello estaba bien o no, estaba relajado, estaba pasándomelo bien y mi mente dejó de cuestionarse todo por el efecto del alcohol.

Nos quedamos solos, se habían ido todos y teníamos una casa entera para nosotros dos solos, momento en el que dije de marcharme también. Mi "nuevo amigo" me pidió que me quedara y me dijo que aún le quedaba una cerveza que había guardado para él. Dudé en quedarme o no, era tarde ya y en mi casa no dije que llegaría tarde. Mi madre no estaba acostumbrada a que yo saliera pero por otro lado ella sabía que estaba en un grupo de trabajo con mis compañeros de clase y eso era una buena excusa. Además yo quería quedarme con mi amigo a solas y me sentía valiente y quería ver lo que ocurría. Eso pudo más que la preocupación que mi madre podía tener por mi tardanza. Nos quedamos a solas y sin saber muy bien como ocurrió, acabamos los dos desnudos y te puedes imaginar lo que pasó…

Camino a mi casa, masticaba chicle y apresuraba el paso como tratando de que el reloj diera marcha atrás. Llegué a mi casa, saludé y empecé, antes que me preguntaran, a excusarme con que habíamos estado trabajando y teníamos que terminar sin darnos

realmente cuenta de la hora que era. Mis padres no dudaron de mí, aparentemente no tenían motivos para hacerlo, luego cené algo y me fui a la cama.

Había tenido mi primera experiencia sexual… y con un chico… me atormentaba… me culpaba… y empezaron los remordimientos… ¿qué había hecho?

Como supongo ya te habrás dado cuenta mi amigo lector, te he contado la historia anterior destacando parte de ella en negrilla y esto tiene su motivo

¡TODO ES MENTIRA!

Lo escrito en negrilla es una invención que yo creé para suavizar la realidad de lo que ocurrió y me la he repetido tantas veces que, durante muchos años, yo llegué a creérmela. No soportaba la vergüenza ni el dolor de lo que realmente ocurrió.

Mentía durante los grupos de terapia desde mi primera "rehabilitación" en Proyecto Hombre" de Málaga ya que no quería que las demás personas que se estaban rehabilitando como yo, me vieran como el ser que yo interiormente veía en mí mismo, de lo que te hablaré en el siguiente volumen: "Más allá de El Espejo", pero como adelanto te diré que:

Podía reconocerme como adicto a la heroína pero no como adicto al sexo.

Además seriamente creía que mi problema principal era la heroína y la dependencia que tenía de ella, dejando el tema del sexo, en un segundo lugar. Sabía que el sexo y la dependencia que tuve a él, habían sido y era un tema importante en mi vida pero un tema íntimo que podía manejar solo Sabía que me había creado complejos y un sentimiento de inferioridad muy fuerte pero tenía una buena justificación para ello y tenía a alguien a quien culpar de. Reconozco que era la postura más cómoda y con ello no asumía mi responsabilidad y por lo tanto me engañaba con que nada tenía que trabajarme a mí mismo al respecto. Era mi orgullo y el no querer romper realmente mi imagen, la imagen falsa que me había creado de mí mismo con todas las mentiras que había urdido a lo largo de mi vida, precisamente lo que me estaba condenando a no salir del mundo de la droga.

No me fue suficiente conocer una vez el infierno que casi llegué a ser un asiduo a él, antes de realmente darme cuenta de que, o me enfrentaba a mí de una vez por todas o era mejor morir.

Me veía a mí mismo como un ser depravado donde el sexo era una obsesión y el centro de mi vida desde muy pequeño. Una persona que buscaba en el sexo, no solo el placer a corto plazo, sino que basaba en el sexo realmente mi autoestima, sintiendo placer en las más sórdidas de las circunstancias. Siempre me lo he justificado desde el victimismo, con que yo no era homosexual, que a mí me inculcaron el serlo sin preguntarme, desde muy, muy joven y que por tanto no era responsable de lo que hacía, repitiéndome que tenía que saciar mis instintos como un depredador en busca de víctimas y que nadie podía entenderlo ya que nadie había vivido lo que yo había vivido. Me engañaba queriendo creer que con ello a nadie perjudicaba… a nadie, excepto a mí, y yo ya estaba acostumbrado a cargar con mis secretos y a aceptar llevar una doble vida y pensaba que podría con ello.

Lo que no me daba cuenta es que podía con ello… si estaba drogado.

Era y me creía una víctima de las circunstancias y no quería tomar el control de mi vida porque eso, aparte de que nadie lamentablemente me enseñó cómo hacerlo, cada vez era más difícil porque la pelota se hacía más y más grande, además disfrutaba con el sexo y si me quitaban el sexo, no me quedaba nada.

¡Ese, es el valor que yo me daba!

Como ya te indiqué al principio de este libro, mi querido lector, soy un hombre de incisos y después de este último, continuaré con mi historia…

Con catorce años y cuando se tienen las hormonas disparadas, el indagar acerca de la sexualidad es una cosa que todos hemos hecho de alguna u otra manera. Desafortunadamente para la mayoría de las personas el sexo es un tema tabú y en las propias familias no se habla con la libertad y la naturalidad que se debiera. Ese era el caso de mi familia: el sexo era tema tabú y por lo tanto cualquier comentario al respecto era reprochado y más a los niños y adolescentes, por lo que las respuestas a mis dudas o me las contestaba yo mismo como podía o las encontraba en la calle. Recuerdo que hasta la televisión tenia rombos para indicar que programas podíamos ver los menores y cuáles no y todos atendiendo a una moral muy conservadora: dos rombos y si no tenías dieciocho años, a la cama y cuando era uno solo, ya dependía del humor de tus padres si te dejaban ver la televisión o no, al menos así era en mi casa.

Por otro lado, la realidad de lo que me estaba ocurriendo en el colegio, hoy lo llamarían "bullying" o acoso escolar. En aquella época, donde el profesor podía pegar a los alumnos golpeando nuestra mano con una regla y quedar inmune, era la normalidad. Fui un niño acosado y maltratado por mis compañeros de clase, sí es cierto, pero más castigado era por mí mismo, ya que llegaba a pensar que realmente me lo merecía.

Llegué a pensar que realmente me merecía que mi profesor de primaria abusara de mí y que me merecía ir al infierno porque había mentido en confesión.

Me merecía que mis compañeros se metieran conmigo porque era diferente y "había sido malo"

Y ahora me merecía que uno de los compañeros de clase, ese que le llamé antes "mi nuevo amigo", me chantajeara a cambio de no decir nada de lo que sabía y tener relaciones sexuales conmigo.

Sí, mi querido lector, en esos grupos de estudio que teníamos para hacer los trabajos de la asignatura de literatura, no hubo ni cigarrillos ni cerveza. Añadí el alcohol a mi historia inventada para tener un eximente de cara a los demás. Un eximente de responsabilidad, ya que si contaba que estaba bebido, los demás creerían que no era responsable de mis actos al 100 %, tanto me mentí que yo también llegué a creérmelo. La realidad es que en aquella reunión de trabajo a la edad de catorce años, solo hubo chantaje, humillación y sexo.

Mi primera experiencia sexual fue a cambio del silencio de mi penetrador.

¡Y yo accedí!

Y lo que me sorprendió es que sentí placer, quiero decir que el acto sexual en sí, no fue traumático, es más, tengo que confesarte que eso sinceramente, era lo que en mis fantasías de adolescente… deseaba. Me gustó por lo tanto, aunque en ese momento no lo admitiera en absoluto. Lo que si fue traumático, fue el tener que bajarme los pantalones por un chantaje.

¡Fue humillante!

Y solo fue el principio de otra pesadilla, aún mayor de la que ya de por sí, estaba viviendo en el colegio.

Después de este hecho y tratando de negarme lo que había ocurrido, tuve una época de rebeldía conmigo mismo. Me explicaré mejor…

En aquellos años, abrieron una discoteca en Marbella que los domingos por la tarde tenía sesión juvenil de 7 a 10 de la noche. No vendían alcohol ya que, supuestamente, todos los que iban a esta discoteca eran menores. "Rocky" se llamaba.

Sabía que algunos compañeros de clase y más chicos y chicas de la ciudad, se reunían allí para ligar. Escuchaba historias de lo bien ambientado que se ponía y lo bien que se lo pasaban, por lo que me entró mucha curiosidad en conocerla y, una vez más, por no sentirme diferente al resto y queriendo alardear de "mi normalidad", decidí ir y ver que me encontraba. Fui solo y coincidí allí con algunos compañeros de clase, entre otros. Había mucha gente de mi edad. Chicos y chicas bailando y ligando y bebiendo "San Francisco" o Coca-Cola que es lo que te permitían consumir con la entrada.

Tengo que admitir que me lo pasé bien, tan bien que incluso me atreví a bailar y a echar unas risas con las niñas que me presentaron, algo inusual a lo que estaba acostumbrado a vivir… Música de moda muy alta, luces de colores, un ambiente donde la luz tenue casi hacía imposible ver por dónde estaba pisando pero que no impidió que me fijara, y mucho, en los chicos que tenían novia y se besaban en los rincones oscuros de los reservados. Les veía como "muy hombres" y más cuando después, entre nosotros, contaban sus hazañas con aquella chica. Yo quería ser como ellos, "muy hombre" y así "callar" mi conciencia por la humillación que había tenido que soportar, al tener mi primera experiencia sexual con "mi nuevo amigo" como te conté anteriormente. Por lo que se me ocurrió, que la mejor manera que tenía para conseguirlo, era salir con una chica y con ello, también conseguiría callar más de una boca. Me parecía un plan perfecto y me puse en acción… al domingo siguiente fui a la "disco" con la intención de sacar a bailar a una chica y pedirle que saliera conmigo. Así lo hice y cuando llegó el momento de "bailar lento" que solía ser al final de la sesión, le pedí a una chica que vi sola, que si quería bailar conmigo. Ella me miró y me dijo que sí, todo estaba saliendo a la perfección según mi plan. Empezamos a bailar y cuando me pareció oportuno, le dije que si quería salir conmigo y naturalmente su respuesta fue un no, al tiempo que dejaba de bailar conmigo… Allí me quedé yo, en mitad de la pista y sin saber muy bien como reaccionar. ¿Y qué hice?, te podrás estar preguntando mi amigo lector, pues salir de la pista yo también y hacer lo que se me estaba dando muy bien y me daba resultado: mentir. Mentí a "mis amigos" cuando me preguntaron que tal había ido la cosa y aprovechando el momento oportuno, irme para mi casa "con el rabo entre las piernas", maldiciéndome por ser como era y auto compadeciéndome por lo que había hecho conmigo mi profesor de primaría.

Una chica me había rechazado, me lo viví muy mal y eso solo hizo aumentar mis complejos y mi sentimiento de inferioridad ante los demás chicos. Cosa que por supuesto tapaba con la mentira y mi imagen de que "todo está bien conmigo". Para consolarme, pensé que había elegido mal y decidí que volvería a intentarlo al domingo siguiente y esta vez acertaría en mi elección. Lo que no fue más que una huida hacia delante y como resultado, otro rechazo. ¡Ya eran dos! No contento con ello, repetí tres, cuatro y hasta perder la cuenta de a cuantas chicas les pedí de salir conmigo, así como también perdí la cuenta de los rechazos que ellas me dieron. Dejé, como podrás entender, de ir a esa discoteca. Lo que no dejé fue de aumentar mi malestar y con ello el abandono hacía mí mismo creció más.

Me abandoné sí, y cuando te abandonas porque no te gustas, te haces daño a ti mismo.

Nos abandonamos y nuestra mente nos traiciona creando juicios negativos sobre nosotros que nos acomplejan y nos hacen sentir inferior, como que no somos válidos.

Cuando nos abandonamos a nosotros mismos, dejamos el jardín de nuestra mente a merced de que las malas hiervas vengan y se afiancen el él.

Nos abandonamos y no sabemos a dónde vamos y son por tanto las circunstancias externas las que nos controlan.

Cuando nos abandonamos, buscamos el placer en las cosas superfluas y llevamos una vida sin valores que nos guíen y midan nuestra integridad.

Nos abandonamos y somos como un corcho a la deriva a merced de las mareas y los vientos porque no sabemos a dónde vamos e inevitablemente, puede que sin apenas darnos cuenta, estamos yendo a algún lado. Si somos capaces de coger el timón y conducir nuestra vida, llegaremos al puerto que nos propongamos pero si por el contrario no tomamos el control, el destino con el que nos encontraremos será el de las lamentaciones.

Cuando nos abandonamos es cuando más sufrimos y yo… me abandoné.

Y es cuando surgen preguntas como:

¿Qué he hecho yo para merecer esto?

La respuesta, aunque no lo sabía en su momento, es:

¡TODO!

Era 8º de la antigua EGB, el último año escolar y el más largo de todos los que recuerdo. No veía el día de liberarme de mis compañeros y del chantaje de este "nuevo amigo". Como te dije anteriormente, mi vida era como una moneda de dos caras:

Una, en la que mostraba al mundo que todo iba bien. Era aparentemente responsable y estaba centrado en mis estudios aunque sin amigos.

La otra, donde yo me veía cada vez más como una especie de monstruo o bicho raro, atraído por los chicos y que cada vez quería más. Quería tener más experiencias sexuales pero no me atrevía, las reprimía. Tampoco sabía dónde ir a buscarlas y mi forma de actuar era la que siempre me había funcionado:

Actuaba fríamente como si nada me pasara.

Como podrás comprobar mi amigo lector, el amor hacia mí mismo no existía por ningún lado. No me amaba en absoluto. No me aceptaba para nada. Era un solitario, mentiroso y reprimido, lleno de rencor, ingredientes que como los alimentos dentro en una olla exprés cerrada y con su válvula puesta estaban cocinando la persona que llegaría a ser. Créeme cuando te digo que no veía nada positivo en mí y llegaba a pensar que:

¿Para qué había nacido yo?

¿Para sufrir?

Deseaba haber sido yo y no mis hermanas, el que hubiera muerto de tuberculosis con tres años.

¡No le veía sentido a mi vida!

Tengo que confesarte, aunque parezca una paradoja, que siempre escuché una voz dentro de mí, a veces muy sutil, que me decía que yo había nacido para algo más grande, que no tuviera miedo y que fuera yo mismo. A veces sentía tan clara esta voz que me enfadaba con ella y llegaba a pensar que me estaba volviendo loco y más "bicho raro" me sentía. No me daba cuenta que esa voz, no me cabe ninguna duda ahora de ello, era mi alma indicándome el camino que debía seguir. Era una voz que yo escuchaba pero que no hacía caso ya que mi mente estaba muy ocupada pensando en los complejos que tenía y urdiendo planes para llamar la atención y ser aceptado por los demás.

En ese mundo de mentiras y frsutaciones; complejos y comparaciones... pasé mi infancia y adolescencia.

¡Por fin llegó el día en que dejé el colegio!

Llegaron las vacaciones de verano y con ellas la liberación de todo lo que atrás había vivido… pensé yo.

Las tardes de verano, durante mi infancia y creo recordar hasta que se terminó el colegio con unos catorce años, las solíamos pasar jugando, en lo que anteriormente te mencioné que nosotros llamábamos "el patio". Estaba en la parte de atrás de la casa de mis padres y allí nos reuníamos los niños del barrio a jugar con el balón o a otros juegos infantiles. Aunque tengo que admitir que estos niños, si bien me lo pasaba bien jugando con ellos y tengo múltiples de anécdotas y recuerdos, no los podía considerar mis amigos. Creo que esto se debe simplemente a que no me identificaba con ellos.

En realidad no me identificaba con nadie.

A medida que fuimos creciendo, mi hermano mayor Roberto, no me acompañaba e ir a jugar "al patio", e ir allí, dejó de ser tan divertido. Iba y jugaba con los demás niños y me volvía a mi casa…. Pero que estoy diciendo, ¿jugar con ellos?, eso cuando jugaba. Cuando se ponían a jugar al futbol, la mayoría de las veces, solamente miraba. Nunca me gustó el futbol y si jugaba era de portero ya que cuando los niños se ponían a elegir los equipos a mi no me elegían y si me elegían, era para ser portero por el hecho de que era alto y hacía bulto. No fue hasta que mis padres me regalaron un balón de reglamento que los compañeros de juegos empezaron a mostrar más interés en elegirme para sus equipos. En ese momento fue cuando a mi "curiosamente" me empezó a gustar el futbol. Gusto que desaparecería en el momento que el balón "se pinchó" y dejaron de tener interés en elegirme para sus equipos, no sin antes darme cuenta de que para que se fijaran en mí, tenía que ofrecer algo a cambio, ya que yo creía que por mí mismo no tenía valor. Algo así, como llevar cigarrillos al colegio para que los demás chicos me aceptaran, e ir a fumar al descampado después de clase y con ello sentirme importante, aunque conllevara robar a mi padre. Algo así como dar mi cuerpo a cambio del silencio de "mi nuevo amigo", aceptando su chantaje. He repetido este patrón en mi vida muchas veces, hasta el punto de ofrecer mi cuerpo al primer postor para obtener placer y así elevar falsamente mi autoestima.

Como te dije anteriormente:

¡Ese era el valor que yo me daba!

A los chicos de "el patio" creo que yo no les gustaba y que tampoco les gustaba estar conmigo, me verían aburrido o diferente, supongo, y así una tarde me lo dejaron ver claramente cuando me dijeron a la cara y de una forma un tanto agresiva, que no querían que les acompañase más. Entiendo ahora, y viéndolo con la perspectiva de los años, que si yo fuera uno de esos adolescentes, tampoco me gustaría estar con una persona que era como yo a esa edad, es más…

Yo no quería estar ni conmigo mismo a esa edad.

No me aguantaba y creo que fue una de las razones por la que me inventé a José, él sí me soportaba. Lo cierto es que, aunque este hecho fue una cosa de críos, a mí me marcó y mucho, hasta el punto de que ya no quise volver a jugar más a ese sitio.

No era solamente en el colegio que me sentía rechazado, también lo era en "el patio".

¿Qué ocurría conmigo?

¿Qué había hecho yo tan grave como para que los demás se burlaran de mí como lo hacían y me rechazasen?

Estaba hecho un lío, muy confundido y perdido. Me creía merecedor de todo lo que me ocurría, por lo que más me aferraba a mi amigo José y hasta este amigo imaginario, dejó de venir a verme.

CAPÍTULO 5

MI PADRE:
ESE GRAN DESCONOCIDO.

Los recuerdos que tengo de mi padre de muy niño, son muy buenos. Recuerdo que cuando tenía seis años, en el año 1969, nos llevó a toda la familia a un pueblo llamado Benahavís en la provincia de Málaga y estuvimos acampados, ¡sí en tiendas de campaña!, durante los meses de verano. Fue tan buena experiencia que al año siguiente repetimos. Fue toda una hazaña, allí fue donde aprendí a pronunciar correctamente la "r", también aprendí a pescar y a nadar, en una charca que había en el río Guadalmina cercana a donde teníamos el campamento.

"Club Deportivo El Juanar:
Campamento el Algarrobo"

Así es como bautizó mi padre al camping improvisado que montó alrededor de un centenario algarrobo que nos cobijaba del caluroso sol de los meses de verano, en una bandera que, hecha a mano, ondeaba por encima de nuestro campamento. Fue una experiencia inolvidable y aún conservamos con mucho cariño, las películas que en "super ocho" mi padre filmó para la posteridad.

No he vuelto a vivir unos veranos tan increíbles como aquellos.

Mis padres compraron allí un terreno y aún puedo recordar la cara de ilusión de mi padre cuando nos hablaba de que construirían una casa que daría alojamiento a los cazadores y que sería lo suficientemente grande como para albergar a toda nuestra gran familia. Yo le escuchaba ensimismado, era su sueño y nos lo transmitía tan real que casi podía ver la casa terminada y a todos nosotros habitándola, por eso aún amo más estos recuerdos.

Era muy pequeño pero sé que era muy feliz.

Todo fue antes de yo empezara en el colegio y cada vez que veo esas películas que mi padre grabó, me pregunto:

¿Dónde está ese niño ahora?

Me gustaría hacer un inciso ya que siento la necesidad aclararte algo importante, mi amigo lector:

En este libro te quiero hablar de mi vida y de mis experiencias, como te dije en el primer capítulo para que esto pueda servirte de ayuda para entender el concepto de "somos lo que pensamos" y de cómo con nuestra forma de pensar y por consiguiente, de sentir y de actuar, vamos formando nuestra realidad. Desnudo mi alma ante ti, con la esperanza de que te pueda hacer de espejo y con la intención de ayudarte a mejorar tu vida.

¡Todo depende de ti!

Voy a evitar hablar de la vida de los demás por una cuestión de respeto, pero me es inevitable el mencionar situaciones que he vivido con mis padres o hermanos, así como mi ex mujer o mis hijos o personas con las que he compartido parte de mi vida porque ellos son parte de mis experiencias.

Lo haré, como te he dicho, siempre desde el respeto hacía su intimidad y privacidad y pido perdón de ante mano si alguno de ellos se siente ofendido, no es mi intención y doy las gracias por adelantado.

Dicho esto, ahora me siento más relajado para seguir contándote mi historia…

Mi padre en aquella época tenía un trabajo de responsabilidad en una empresa en expansión y económicamente estábamos bien. Eso es lo que siempre he escuchado decir a mi madre y eso se ve reflejado en las películas de "súper ocho" que mi padre grabó de estas acampadas de verano con toda la familia. Más adelante y debido a motivos que no vienen al caso, mi padre perdió su empleo y se dedicó a ciertas aventuras empresariales que no salieron todo lo bien que él deseaba y su situación económica, o sea, la nuestra, cambió por completo al igual que su adicción a la bebida.

El negocio en el que invirtió, arriesgando todo lo que tenía, o sea el terreno en Benahavís, fue en computadoras. Él creía que la informática era el futuro, lo veía muy claro en su mente y apostó por ello. Esta visión, le llevó a crear el primer "Centro de Datos de la Costa del Sol": CENTROSOL, junto con unos socios.

Nunca nos hemos enterado muy bien de lo que ocurrió en realidad, mi padre evitaba hablar sobre ello, lo que sí que sé, es que él fue un visionario y se adelantó mucho en el tiempo. Tanto se adelantó que la sociedad de esos años, no confiaban en la informática y se quedó solo, perdiendo el terreno que había comprado con tanto esfuerzo y con ello murió su sueño de construir una casa para que todos sus hijos la habitásemos.

Mi padre fue un soñador pero que no evaluó el riesgo, apostó todo lo que tenía y perdió.

A veces, me reconforta pensar que sus potenciales clientes, aquellos que no confiaron en él en su momento, al manejar un ordenador portátil hoy en día, sienten que perdieron la oportunidad de ser pioneros en la informática y se arrepienten.

Hoy en día, me siento orgulloso de mi padre porque fue un visionario y un soñador pero no fue así como lo viví cuando estos hechos ocurrieron.

Sentía como si una maldición acechara a mi familia.

Una maldición que empezó con mis bisabuelos paternos, que eran millonarios, pasando a mis abuelos, que ya no lo fueron tanto, hasta llegar a mi padre, que no lo fue en absoluto y que este me la había pasado a mí.

Mi padre nos solía preguntar: "¿sabéis quienes son los pobres?" A continuación y sin darnos tiempo de pensar, él mismo respondía: "los nietos de los ricos". No entendía por qué me contaba aquello y me reía, lo que tampoco sabía era que con esta sentencia se estaba definiendo.

Yo no estoy dispuesto a seguir esta maldición, por todos los medios voy a romperla. Soy de todos mis hermanos el que más se parece a mi padre y no físicamente, sino en carácter y forma de ser.

¡Papá, yo romperé la maldición!

No importa lo que haya hecho en mi vida pasada, lo que importa es lo que a partir de ahora haga.

Pero permíteme que te siga contando…

Después del fracaso de la aventura empresarial de mi padre con la informática, la situación económica en mi casa cambió y como podrás entender mi amigo lector, no precisamente para mejor. Lo recuerdo como pasar de una televisión en color a una en blanco y negro, como una época gris donde vi pasar apuros a mi madre para darnos de comer en ciertas ocasiones y las lentejas, junto con las sardinas rebozadas, eran el menú del día más recomendado y eso, si éramos afortunados. Todas estas situaciones que viví, me hicieron, aparte de lo que yo ya tenía encima, ver al dinero como un gran enemigo por lo que estaba haciendo sufrir a mi madre y de alguna manera, culpé a mi padre de no poder darnos lo que yo veía que a otros chicos y adolescentes sus padres podían ofrecerles.

Como verás mi querido lector, yo no era solo una persona de la que habían abusado de pequeño y que estaba creciendo con mucha confusión al negar su identidad sexual, viviendo desde el miedo a que se supiera lo que realmente sentía y que utilizaba la mentira como mejor protección, sino que además, por si eso no fuera suficiente, empezaba a tener conflictos con el dinero, culpando a mis padres de todas esas desgracias. Como ya te habrás dado cuenta, no me quería en absoluto, ni tampoco me respetaba y empezaba en mi adolescencia a mostrar todo el malestar que sentía en forma de rebeldía, primero hacia mis padres, y después hacia una sociedad a la que culpaba de que lo único que había hecho por mí, fue educarme en la agresión y en la represión.

¿Se puede ser más egoísta?

La pelota, como verás mi querido lector, se iba haciendo más y más grande pero yo, como siempre, actuaba como si nada me afectase. Y sí, se puede ser más egoísta y a medida que avances en la lectura de este libro, te darás cuenta que se puede y yo… lo fui.

Tengo que admitir que siempre oía una voz en mi interior, tal vez mi conciencia, tal vez mi alma, que me decía que me estaba equivocando, que aún estaba a tiempo de rectificar. Esta voz me decía que yo había nacido para algo más grande que lo que estaba viendo y viviendo. Tal vez, y solo tal vez, a esa voz fue a quien llamé José.

Centrarandome en el tema económico, en mi niñez no recuerdo que me faltase de nada, mis necesidades estaban cubiertas. Incluso mi madre nos daba "la propina" (otros le llamaban "la paga") los domingos, dinero que yo me gastaba en chucherías y en cómics o lo ahorraba. Fue en mi adolescencia, cuando empecé a necesitar más dinero, cuando ellos no podían satisfacer esa necesidad y ¿qué hice yo?…robárselo. Sí, mi querido lector, se lo robé porque aunque estuviera trabajando, lo que ganaba no era suficiente para alimentar el monstruo que me estaba consumiendo y me dominaba. Sí, tengo que admitir, no sin mucha vergüenza, que robé a mis padres de lo poco que tenían. Empecé por coger a mi madre algunas monedas que dejaba olvidadas de la vuelta de los recados, hasta robarle algunas joyas que guardaba como su único tesoro.

Te preguntarás que cómo es que puedo vivir con ese sentimiento de culpa y cómo he podido llegar a perdonarme por ello y te responderé que no ha sido fácil, mi amado lector, he tardado muchos años, primero en admitir y aceptar estos hechos y algunos años más en perdonarme por lo que hice, así como perdonar, incluso a mi profesor de primaria, por el daño que me causó. Ha sido un proceso personal profundo y ese es el proceso que quiero transmitirte en este libro, en esta trilogía. Quitarme las máscaras que he estado llevando gran parte de mi vida, es lo que más me ha ayudado a darme cuenta de quién soy y empezar a perdonarme y a amarme.

El poder del amor es infinito, no tiene límites como decía Einstein y con lo que yo estoy totalmente de acuerdo.

Puede ser que tengas que sanar tu vida para volver a escuchar a tu alma.

También puede ser de este modo: si escuchas a tu alma, podrás sanar tu vida.

En mi caso fue: sanar mi vida para escuchar lo que mi alma nunca se cansó de repetirme Y HACERLE CASO.

He tenido que dar muchos "batacazos" en mi vida para abrir los ojos.

He tenido que estar literalmente hundido en la mierda (y más de una vez) para decir: ¡Basta ya! y remontar, no desde cero, sino desde menos cien.

He tenido que sentir que la muerte me estaba rondando los talones para renacer.

Batacazos que, confiándote mi experiencia, espero que tú no des. Experiencias de fracaso que hasta le fecha, siempre he superado una vez más que las que me he caído y de las que he aprendido lo suficiente para ser más fuerte y estar mejor preparado para esta aventura que le llamamos vivir.

¡He vivido el infierno y por eso valoro el paraíso!

Pero volviéndome a centrar en el tema de este capítulo, te estaba hablando de mi progenitor…

Mi padre nos obligaba literalmente a ir a misa todos los domingos. Cuando éramos unos niños él nos llevaba y cuando fuimos creciendo, cada uno iba por su cuenta. Recuerdo especialmente un domingo por la tarde que salí de mi casa con la intención de ir a misa, tenía doce años, en la entrada de la iglesia me encontré con un conocido, un chico de mi edad, hijo de unos amigos de mis padres, que me dijo que tenía unas entradas para ir al cine y que no quería ir solo. Aquello me pareció una idea fantástica ya que no eran muchas las oportunidades que tenía de ir al cine a esa edad. Así que no dudé ni un momento y acepté. Fuimos al cine y al salir, le dije que si quería venir a mi casa a jugar, él me dijo que sí y nos plantamos allí. Justo cuando llegamos a mi casa, mi padre nos preguntó: ¿habéis ido a misa?, a mí la respuesta me salió automática y dije sí, pero a mi amigo también le salió automática y él dijo no.

Mi padre nunca me pegó, ni siquiera un cachete en el culo… hasta ese día que me dio una paliza que hasta mi madre tuvo que intervenir para que parara. Todo, no por no haber ido a misa, sino por haberle mentido.

Le odié, me hizo mucho daño y nunca se lo perdoné, en vida.

Yo sé, por supuesto, que estuvo mal que le mintiera pero su reacción fue extremadamente exagerada y consiguió de mí el efecto totalmente contrario al que pretendía. Así fue como yo interpreté esa situación con mi mentalidad de niño:

Mi padre realmente no me quiere y no le importo en absoluto.

Cuando mi padre murió, yo estaba en pleno proceso de rehabilitación, mis sentimientos estaban a flor de piel y el de culpa era el que predominaba. Todo lo que había hecho, todo el daño que había causado y ahora que era cuando al fin podía demostrarle que tenía un hijo y que además le quería y le necesitaba, se muere. Me enfadé con Dios, me lo tomé como un castigo y me arrepentí de no haber sido un mejor hijo y de no haber dedicado tiempo a conocer realmente quién era mi padre. Todo ello, no me llevó más que a aumentar mi sentimiento de culpa.

Mi padre se murió sin yo haberle dicho nunca cuánto lo quería y cuánto lo necesitaba.

Pensamos que tenemos tiempo, tiempo de decir a nuestros padres lo mucho que les queremos y tiempo de agradecerles lo que han hecho por nosotros, pero en realidad, no tenemos tanto tiempo y el que tenemos no lo valoramos y no damos importancia a lo que realmente la tiene. Nos damos cuenta de ello más claramente cuando somos padres y vivimos todo lo que hemos vivido con nuestros padres, reflejado en nuestros propios hijos. Yo, con mi hijo mayor primero y después con el segundo, de recién nacidos, cuando les miraba lo frágiles e indefensos que eran, lo tiernos y dulces, pensaba:

¿Cómo pude llegar a pensar alguna vez que mi padre a mi no me quería?

Amado lector, déjame que con mucho amor. te pregunte algo:

¿Cuándo fue la última vez que le dijiste a tus padres lo mucho que los quieres? ¿Lo has hecho alguna vez?

¿Cuándo fue la última vez que les diste las gracias por todo lo que ellos han hecho por ti? ¿Lo has hecho alguna vez?

¿Por qué no lo has hecho? ¿Por qué no se lo dices más a menudo?

¿Qué o quién te lo impide?

¿A qué estás esperando?, tal vez mañana sea demasiado tarde.

¿Te merece la pena no perdonar?

Después de esta reflexión, continuemos...

Te comenté anteriormente que yo siempre había tenido la sensación de haber sido uno más y que a mi padre, salvo raras ocasiones, siempre me lo había vivido como un padre ausente que prestaba más atención a sus hijos mayores que a mí. Tengo que confesarte, estimado lector, que una vez lo puse a prueba: tengo un hermano que estudió medicina, cuando estaba en el tercer año de la carrera, oí una conversación que tuvo con mi padre donde, por circunstancias que no voy a comentar, estaba pensando en dejar los estudios y ponerse a trabajar.

Mi padre siempre había antepuesto que sus hijos estudiaran para estar más preparados y así poder optar a un futuro mejor, a que trabajásemos y ayudásemos en casa, aunque la situación económica no fuera muy buena, por lo que en aquella ocasión, puso el grito en el cielo cuando mi hermano mayor le contó sus intenciones y poco más que le prohibió dejar los estudios, motivo gracias al cual mi hermano es médico hoy en día. Pues bien, estando yo en COU, último año antes de ir a la Universidad, le dije a mi padre que no quería seguir estudiando y él me contestó: "Si lo has pensado bien, hazlo". Esta reacción, tan distinta, me confirmó que realmente yo no le importaba. Al menos así lo creí en su momento. Tardé años en saber que cuando yo le dije de dejar los estudios, él estaba pasando una de las peores épocas de su vida. Yo no lo sabía, solo quise corroborar lo que yo pensaba, siendo tan egoísta que no pensé en como él podía estar para que reaccionara con esa "aparente" apatía por mí y siendo totalmente sincero, yo no estaba en condiciones de poner a prueba a nadie y menos a mi padre, ya que estaba "coqueteando" con las drogas y estudiar y drogarme no eran compatibles. Utilicé como excusa el que "mi padre no se preocupaba por mí" para no asumir mi fracaso como estudiante.

¿De cuántas cosas hacemos responsables a nuestros padres por no asumir que es nuestra responsabilidad y no la suya nuestra vida?

Ahora sé que si en lugar de reaccionar así, de esa forma tan egoísta hubiera sido valiente y sincero con él y le hubiera hablado de mis problemas, eso le habría ayudado a superar los suyos. Eso creo ahora pero en aquel tiempo, no pensaba así.

Otro recuerdo que tengo y que también me marcó, fue un hecho que ocurrió posteriormente a dejar los estudios y fue el siguiente: cuando yo tenía diecisiete años, un día mi padre me preguntó que cómo era que yo no tenía novia. Vi la ocasión perfecta para abrirme a él y decirle que era homosexual, por razones que te explicaré más adelante, y así lo hice. De verdad pensé que él me hacía esa pregunta porque intuía que yo era gay y su respuesta fue de poner el grito en el cielo, enfadarse mucho y salir de la habitación donde estábamos hablando. Allí me quedé yo, solo, sin saber muy bien qué hacer. En ese momento no me pegó físicamente pero su bofetada sin mano fue muy fuerte para mi ya maltrecha autoestima y tan demoledora, como la paliza que me dio cuando era más pequeño. Yo lo que hice a partir de ese momento es lo que siempre solía hacer cuando una situación me era desagradable, actuar como si nada hubiera pasado. Nunca más volvió a salir el tema y nunca más lo hablamos. Su reacción me hizo daño y no se lo perdoné, es más, de alguna manera me volví vengativo con él con mi rebeldía, con mis hurtos en casa… tenía la justificación perfecta para tratar de no sentirme mal. "Mi padre nunca se ha preocupado de mí y este es el resultado", me decía. "Él tiene la culpa de lo que soy" me repetía. En realidad me sentía un miserable pero como siempre mi imagen fría de "a mí no me ocurre nada" tapaba mis verdaderos sentimientos.

Me consta que, quiero pensar arrepentido por su reacción, mi padre intentó acercarse a mí, a su manera y a destiempo, pero lo intentó. Tengo claras ciertas situaciones en las que lo intentó y fui yo, por mi orgullo, quien no le dejaba acercarse. Orgullo o ¿tal vez miedo de que viera el monstruo de hijo tan desagradecido que había criado? Nueve hijos tenía y yo sin duda alguna era el "garbanzo negro" y sinceramente así yo me sentía.

El muro que yo había levantado desde que era pequeño, como defensa, a mí alrededor se fortaleció de tal manera que ya no dejé que nada ni nadie lo atravesase.

Tuvo que morir mi padre para que le echara de menos y tuve que ser padre para valorar todo lo que él sí que hizo por mí y los errores que mi padre pudo cometer conmigo, no son nada para los que yo he cometido con mis hijos.

Yo solo quería que mi padre me abrazara cuando era niño, que me hiciera sentir seguro y que estaba a salvo, que me dijera que todo estaba bien, que no me preocupara que él estaba allí para protegerme. Yo solo quería que mi padre me aceptara y me quisiera y eso, como no lo tuve, se lo devolví con la indiferencia y con los actos que te he confesado anteriormente… y más graves aún.

Tardé años en dejar mi orgullo a un lado y reconocer todo el daño que había hecho.

Tardé muchos años, demasiados, en reconocer lo que quería a mi padre y lo que le necesitaba.

Tardé muchos años en perdonar a mi padre.

He tardado muchos más años, en perdonarme a mí mismo por ello.

Y tú, mi querido lector,

¿A qué estás esperando?

CAPÍTULO 6

MIS PRIMEROS COQUETEOS CON LAS DROGAS

El último curso en el colegio, con catorce años, ocurrió un hecho que marcó un antes y un después en mi vida… otro más.

Unos amigos de mi padre tenían un hijo de mi edad y ellos sabían que yo "era un buen estudiante" así que un día su madre le dijo a la mía que si a mí me importaría que los dos estudiásemos juntos para ver si a su hijo se le pegaba algo de mí y aprobaba. Está claro que esta mujer, en su buena intención, no sabía de lo que estaba hablando, si en realidad hubiera visto de mí lo que yo mismo veía, hubiera apartado a su hijo de mí como el que huye de la peste. Solo vio la imagen exterior "de niño bueno y responsable" que yo me empeñaba en mostrar y mantener… pero como te contaba, este chico, que no voy a decir su nombre por respeto a su intimidad, no era alumno de mi colegio por lo que yo también estuve de acuerdo porque no me sentía en peligro. Empezamos a estudiar juntos en su casa y algunas veces me quedaba a cenar con ellos e incluso a dormir. A mí me gustaba el ambiente de su familia, me hacían sentir importante.

Un fin de semana iban a ir a una verbena que se celebraba el viernes por la noche y sus padres preguntaron a los míos si yo podía asistir con su hijo.

Les advirtieron que no se preocuparan que aunque fuera por la noche, allí habría más chicos de nuestra edad y que ellos estarían con nosotros para cuidarnos, por lo que mis padres accedieron.

Yo estaba emocionado. Iba a salir por la noche a una verbena, era algo novedoso y no había salido nunca por la noche.

Fuimos a la verbena y cuál fue mi sorpresa que para amenizar la velada habían contratado a unas vedettes con plumas y lentejuelas. Todo parecía que iba a ser divertido. Estaba expectante por ver la actuación y cuál fue mi sorpresa que cuando empezaron a salir vi algo raro que me confirmaron cuando empezaron a cantar, sus voces roncas los delataban, ¡eran hombres travestidos! Aquello me impresionó pero más me impresionó ver y oír como algunos de los asistentes miraban a las vedettes y murmuraban haciendo todo tipo de cometarios y bromas. No podía dar crédito a lo que estaba viendo. Me sentí muy incómodo. Por un lado como sintiendo vergüenza ajena y por otro, horrorizado con las risas y los comentarios por parte de algunos "hombres" del público… y a ellos, o a ellas, a las vedettes, parecía que les hicieran gracia las bromas y lo que para mí eran insultos. Las contestaban con risas y comentarios picantes que incitaban a aquellos "machos" a seguir riéndose. No sabía dónde meterme.

¡Yo no soy como ellos!

Me repetía una y otra vez.

A partir de ese día, más me avergoncé de mí mismo, de lo que sentía en mi interior y más reprimía mi sexualidad y la imagen que daba de que "todo está bien, a mi nada me ocurre", era inquebrantable.

Ese mismo año, acabó mi etapa de EGB, o sea, la etapa del colegio y no me planteé si quiera dejar de estudiar, como muchos de los alumnos. Eso para mí, no era una opción. Tenía quince años.

Al terminar esa etapa me sentí liberado ya que pensaba que la presión a la que había estado sometido en la escuela, desaparecería en mi nueva andadura en el Instituto. Allí conocería a gente nueva que nada tendría que ver con mis antiguos compañeros y que por tanto nada sabrían de mi pasado y así fue, o al menos así yo lo creía… pero me equivoqué. Hubo un antiguo compañero que también fue al mismo Instituto en el que yo me inscribí, un compañero que me acompañó en esta nueva etapa y no dejaba de recordarme quién era, de dónde venía y lo que había hecho.

Ese compañero me pisaba los talones y proyectaba la misma sombra que yo, porque ese compañero… era yo mismo.

Dejé el colegio pero me llevé conmigo mis secretos y también mis complejos. Me llevé conmigo, el miedo al rechazo de los demás y el que para que me aceptasen, tenía que dar algo a cambio, porque yo no me daba valor alguno.

En el primer curso del Instituto no conocía a ninguno de mis compañeros de clase, sin embargo mi hermano, Roberto, que estaba en el último curso, estaba muy bien relacionado.

A mí por ser hermano de mi hermano, me aceptaron en su grupo, al menos eso quise creer, por lo que empecé a conocer gente nueva y mayor que yo. Quedábamos para ir al cine los domingos o a alguna discoteca que estaba de moda. Empecé a conocer nuevos ambientes y también fue cuando empecé a tener contacto con el alcohol y los porros. Recuerdo que cuando bebía (y esta vez es la verdad) me desinhibía y podía relacionarme mejor con los demás. Parecía que mis complejos se evaporaban a medida que el alcohol recorría mis venas. Me sentía más valiente y no tenía tanto miedo al rechazo. Claro que todo eso tiene un precio y me estoy refiriendo al económico y mi presupuesto era limitado, así como el presupuesto del resto de los amigos de mi hermano, con los que yo salía, pero el hecho de que ellos estaban organizando el viaje de fin de curso y hacían fiestas los fines de semana para recaudar fondos, facilitaba el acceso al alcohol, por lo que no supuso un problema para mí.

No es que bebiera todos los días, pero sí cuando salía que habitualmente eran todos los fines de semana. Rápidamente me di cuenta de que, cuando bebía, mis problemas de relación con los demás desaparecían, de tal manera que si no había alcohol no podía, no sabía relacionarme y con el alcohol todo era mucho más fácil. Con alcohol yo era alegre y divertido. Sin alcohol, yo era el mismo aburrido de siempre sin nada que ofrecer, lleno de complejos con el que nadie quiere estar.

¿Qué estaba ocurriendo allí?

Se supone que ellos me habían aceptado en su grupo, entonces…

¿Por qué necesitaba beber?

Tenía que demostrarles que yo, aunque era menor que ellos, podía hacer las mismas cosas que ellos. Esto por un lado y por otro, yo no me lo creía: no me creía que perteneciera a este grupo y lo que hacía bebiendo y fumando porros era como crear vínculos con ellos a parte de conseguir "ser valiente" y "superar" mis complejos y miedos, pero era yo el que necesitaba crear estos vínculos, era yo el que bebía y fumaba para superar mis miedos y complejos.

Ellos no lo necesitaban.

Ellos podían estar tranquilamente sin beber en su grupo, simplemente disfrutando de la compañía de los unos con los otros.

Era yo el que no podía estar en su grupo sin el vínculo del alcohol o los porros.

Con mis iguales, es decir con mis compañeros de curso, no tenía apenas relación fuera del aula. Era como si los viera pequeños para mí. Me sentía como superior a ellos por el mero hecho de que yo salía con los alumnos del último curso y eso me hacía sentir ante ellos como más importante.

Recuerdo que en cierta ocasión, el grupo de amigos de mi hermano decidió ir a un concierto. Era lejos de mi ciudad y eso tenía un coste en desplazamiento aparte de la entrada del concierto en si y las drogas a consumir en el mismo. Coste para el que yo no disponía del dinero suficiente y no se me ocurrió otra cosa que robárselo a mi padre, no en dinero pero si en joyas. Fue algo fortuito que te contaré a continuación, mi amado lector: Rondaban por mi casa unos gemelos de oro a los que parecía nadie darle importancia. Mi padre se los prestó a un tío mío, que vino a la boda de mi hermana, un tiempo atrás. Cuando mi tío se los devolvió a mi padre, este los dejó olvidados en un cajón accesible para todos. Yo los cogí y los vendí. Me avergüenza mucho reconocer este hecho, aunque en comparación con los que realicé más adelante en mi vida, este es inocente.

No tengo porque contar nada de esto, nadie me obliga a hacerlo. Mi única intención al confesarte este robo es que entiendas, lo mal que yo tenía enfocada mi vida, que entiendas que cuando digo que no me valoraba nada de nada, me quedo corto. La única manera en la que yo creía que podía estar con la gente con la que quería estar, era ofreciendo algo a cambio, aunque eso conllevara robar. Fue un acto muy egoísta, lo sé. Fueron unos segundos los que tardé en coger esos gemelos y han sido muchos años los que la culpabilidad ha estado sobre mi conciencia y muchos más años los que tardé en perdonarme. Te aseguro que fui al concierto y me drogué, pero no lo disfruté…

La pelota se hacía más y más y MÁS grande.

Yo no puedo cambiar el pasado. Lo hice y pagué el precio y créeme que el precio que he pagado es mucho más alto que el valor de esa joya.

Lo que realmente quiero transmitirte con esto, es que cuando no nos valoramos, cuando no nos amamos, no nos respetamos y tampoco respetamos a las personas que tenemos a nuestro alrededor. Yo en mi caso robé a mis padres algo material y me robé a mi mismo mi dignidad y he pagado el precio por ello, porque… ¿sabes?, todo tiene un precio en esta vida, nuestros actos no quedan impunes y tarde o temprano pagamos por ello.

Permíteme que haga un inciso, mi querido lector, puede que tú no hayas robado algo material como hice yo y me alegro por ello, pero déjame preguntarte:

¿De verdad piensas que no has robado?

Piensa en esto: cada vez que no eres tú mismo, estás robando, te estás robando a ti ¡sí, a ti mismo!, te robas tu esencia y con ella estás robando la posibilidad de brillar y evolucionar. Cuando intentamos agradar a los demás estamos robando: estamos robándonos el derecho de ser nosotros mismos.

Lo intentaré explicar de otra manera…

Cuando sentimos la necesidad de decir algo…no sé, por poner un ejemplo, (y es solo un ejemplo): estamos en una reunión o en el trabajo y surge una duda o alguien pregunta algo que tú crees saber la respuesta, automáticamente sientes el impulso de hablar, de dar tu opinión pero no tomas acción y te quedas callado. Te frenan tus miedos, miedo a hacer el ridículo si dices lo que estás pensando, miedo a que los demás te puedan poner mala cara al expresar lo que piensas, miedo a equivocarte y meter la pata… no sé, eso que te ocurre a menudo y después te arrepientes de no haber dicho o hecho. Creo que tú sabes de a lo que me estoy refiriendo… sabes lo que tienes que decir, crees tener la respuesta pero te entran las dudas y empiezas a juzgarte a ti mismo y a continuación le sigue el miedo y te frenas quedándote callado.

Cuando empiezas a dudar, es tu mente la que está hablando, ella solo quiere protegerte y te advierte de un peligro. Tú la crees y te callas.

Tu intuición, esa voz de tu interior, la de tu alma, sabe lo que es verdad y lo que te conviene. Ella no se equivoca, pero tu mente la frena.

La mente duda porque tiene miedo a fallar y busca la aceptación de los demás y normalmente se equivoca y falla.

Tu alma no duda y te manda chispazos como corazonadas.

Somos nosotros los que decidimos a cual escuchar.

Si escuchas a tu mente vivirás desde la incertidumbre, el miedo y casi siempre, desde el arrepentimiento de no haber dicho y hecho lo que sentías la necesidad de decir o de hacer.

Si escuchas a tu alma vivirás desde el amor, con la alegría de lo que has dicho o hecho te ha salido del corazón.

La única persona por la que realmente te tiene que preocupar ser aceptado, eres tú mismo.

No hay fallos cuando eres tú mismo y actúas desde el corazón, siempre aprenderás algo.

¿Qué precio estas pagando tú por no ser tú mismo?

¿De verdad crees que no estás robando?

Yo también robé en ese sentido porque pensaba de mí que no era una persona digna de respeto por todo lo ocurrido en mi infancia y que anteriormente te conté.

Me rechazaba a mí mismo y casi no me soportaba. No me gustaba como era, aunque mostrara al mundo la imagen de que no pasaba nada y de que todo estaba bien. Me reprimía y me odiaba, ya no solo por no aceptar que yo era homosexual, sino en general por mi forma de ser y de pensar… por mis complejos y mis miedos.

Me robé el derecho a ser yo mismo. Me robé mi esencia.

Por otro lado, esos eran los mensajes que lanzaba al Universo y que Dios recibía como mi plegaria y eso era lo que me venía devuelto y veía manifestado en mi vida.

Estaba con ello atrayendo a mi vida más falta de respeto. Atraía a mí más rechazo. Atraía a mi más represión y más odio.

Pero como estaba en el rol de víctima, culpaba a los demás de todo lo que hacía justificándome que lo hacía porque a mí me habían hecho daño.

Después de esta reflexión que espero te haya ayudado y centrándome en mi historia, continuaré con mi relato mi amigo lector…

Dejé de salir con el grupo de amigos de mi hermano a partir de un día en el cual, un amigo suyo, me dijo claramente que yo debería ir con gente de mi edad, que con ellos estaba perdiendo el tiempo.

Una forma muy educada y sutil de decirme que mi compañía no les era agradable, o al menos así lo interpreté yo. Recogí el mensaje y no volví a ir con ellos a ningún lado.

Otro rechazo, ya estaba acostumbrado a que los demás me rechazaran, en cierta manera, lo veía hasta normal y creía incluso que me lo merecía. Fue uno más, aunque este me dolió algo más también. Todo lo que había hecho por estar a su lado y ser aceptado y no había servido para nada, esto reforzó más el concepto negativo que tenía de mi mismo y me refugié en la soledad, aunque esta vez mi amigo José no estaba a mi lado, se había cansado de consolarme y se fue.

Todo el mundo que conocía, tarde o temprano acababa rechazándome. No importaba lo que yo hiciera o diera por conseguir su atención y compañía. Al final todos me rechazaban. Ahora entiendo que yo era el primero que me rechazaba y el rechazo de los demás hacia mí, solo era una manifestación, una proyección, de lo que yo tenía en mi interior. Si lo piensas bien, estos pensamientos eran mi oración continua, era lo que estaba pidiendo a Dios y Dios, atendiendo a mis plegarias, más rechazo mandaba a mi vida.

¡No me daba cuenta de que era yo el que estaba creando todo este embolado!

¿Conoces a alguien que pueda estar viviendo una situación parecida?

Tenemos que ser conscientes de cómo nos tratamos a nosotros mismos y de las palabras que utilizamos para definirnos, con ellos son los que creamos nuestra realidad, ya que nuestras acciones irán dirigidas, para bien o para mal, a darnos la razón.

Aquel verano después del primer curso en el Instituto, no salí muchas veces de casa, si acaso iba a la playa por las mañanas y las tardes las pasaba en casa o estudiando o viendo la televisión. Recuerdo que en la playa la mayoría de las veces tenía que estar boca abajo porque ver a hombres, en bañador… provocaba en mi excitación que aunque no estaba desnudo, era muy visible. No estaba haciendo nada malo así que, en realidad, no me lo vivía mal.

Una tarde de aquel verano, había un concierto al que quería asistir, era en Fuengirola, una ciudad cercana a donde yo vivía, que estaba en fiestas. Recuerdo que los transportes públicos estaban en huelga y los autobuses habían sido tomados por la policía o el ejercito (no lo recuerdo bien) para garantizar unos servicios mínimos. Yo conseguí ir en autobús aunque tuve que esperar "una eternidad" para poder subir a uno y que me llevara a mi destino, pero finalmente, lo conseguí.

Cuando terminó el concierto ya no había autobuses, contratiempo con el que no había contado, así que, ni corto ni perezoso, me puse a hacer autostop. Al cabo de un rato me paró un coche y el hombre que conducía, se ofreció a llevarme y yo accedí.

Cuando ya estaba dentro del coche, este hombre empezó a hablarme y en su conversación no paraba de mover la mano y de tocarme la pierna "sin querer". Tengo que confesarte que esta situación me estaba empezando a parecer excitante. Hasta que al final me dijo que si quería tener sexo con él y que si accedía el me daba dinero para coger un taxi y volver a mi casa. Yo volví a acceder. Realmente no tuvimos sexo, fueron más tocamientos y poco más. Él cumplió su palabra y al terminar, me dio dinero para tomar un taxi de vuelta a mi casa. Dinero que yo me guardé y me puse a hacer otra vez autostop, con la esperanza de que me parara otro hombre y me propusiera lo mismo. Al cabo de no mucho tiempo, otro coche conducido por un hombre me paró pero esta vez sí que me llevo a mi ciudad y no ocurrió nada de lo que yo tenía en mente.

Es la única vez en mi vida que he hecho autostop estando solo y la verdad que me pareció una experiencia excitante, aunque creo que fui muy afortunado. Me refiero a que nada malo me ocurrió. Lo que sí me pasó a partir de ese momento, es que la idea de tener sexo con hombres de esa manera: conocerlos, tener sexo y adiós, fue una idea que empezaba a tomar sentido y fuerza en mi interior. No sabía, no tenía ni idea de dónde podía llevar a cabo esto que te acabo de contar.

¡No podía quitarme el sexo de la cabeza!

En esa época fue cuando dejé de ir a misa, aparte de que no me convencía lo que allí oía, fue porque hasta ver el cuerpo desnudo de Jesús en la cruz, me excitaba y llegaba a sentirme muy mal por ello.

Las respuestas a mis "plegarias" llegarían muy pronto.

"El que busca encuentra", solemos decir y con razón.

Como ocurre con todo, cuando te enfocas en algo con todo tu ser, cuando no dejas de pensar en lo que deseas ni un solo momento, allá va tu energía y las casualidades, o mejor dicho las "causalidades" (porque todo tiene una causa que lo origina), y con ellas las respuestas, van apareciendo en tu vida.

¿No te ha pasado esto a ti alguna vez?

Te lo explicaré de otra manera…

Somos como una antena que está construida para captar la información que desde muestro interior queremos o necesitamos encontrar. Sea lo que sea que estemos deseando con todo nuestro ser, es una petición que estamos emitiendo desde nuestra antena y que el Universo capta y le indica que estás abierto a recibir respuestas. Por ello, lo que sea que estemos pensando a todas horas, la mayor parte de tu tiempo, sea negativo o positivo para nosotros, Dios, que quiere darnos su favor como hijos suyos que somos ya que no paramos de pedírselo en nuestra "plegaria", nos mandará la información que estemos pidiendo sin juzgar, sin analizar, si lo que pedimos es positivo o negativo para nosotros.

Estamos lanzando una petición y tarde o temprano, será contestada.

En mi caso de aquellos años de la pubertad, el tener sexo esporádico con hombres, sexo furtivo y sin compromiso alguno, no podía quitármelo de la cabeza y lo empezaba a ver como una solución perfecta ya que podría dar salida a mis instintos sin que mi vida, al menos la que se veía (la pública) se viera afectada y con ello salvaguardar la imagen de que todo va bien y "yo soy normal" pero no tenía ni la más remota idea de donde ni como podría llevar a cabo esto.

No tenía ni idea de las consecuencias que esto acarrearía en mi vida.

No me daba cuenta de que estaba sentando las bases para llevar una doble vida y con ello sumar un MÁS aún mayor a la pelota que cada vez se estaba haciendo más y más y MÁS y MÁS grande.

CAPÍTULO 7

MIS ÚLTIMOS AÑOS DE INSTITUTO

Mi segundo y tercer año de instituto, fueron cursos donde no recuerdo nada más que yo era como un radar en busca de información acerca de donde podría ir para tener relaciones esporádicas con hombres en las que yo no me viera comprometido para nada como cuando hice autostop. Era como una obsesión y en ello pensaba casi todo el tiempo, hasta que, sin saber casi el cómo, vi mi deseo cumplido. Por aquel entonces yo atribuía este tipo de coincidencias al azar o a la suerte, ahora sé que somos nosotros los que las creamos para bien o para mal y cuanto antes abramos los ojos a esta realidad, antes podremos influir en nuestro futuro, creando la vida que queremos tener y para ello debemos de controlar y sanar nuestros pensamientos.

Si no somos nosotros mismos los que creamos nuestras vidas, alguien se encargará de hacerlo por nosotros y por lo general, no será como deseamos y en consecuencia, culparemos de nuestras desgracias a algo siempre ajeno, impidiendo con ello la posibilidad de tener el control y al no tener el control, no tenemos el poder de cambiar las cosas.

El primer paso es dejar el rol de víctima y asumir que solo nosotros somos los responsables de lo que nos sucede, como te dije antes, para bien o para mal.

Los pensamientos son los que dirigen nuestra energía hacia lo que queremos conseguir y si no tenemos el control sobre ellos, las circunstancias nos controlarán.

Lo que queremos conseguir, es nuestra voz interior la que se encargará de transmitírtelo de muchas formas que tenemos que estar abierto a recibir: causalidades como anteriormente te indiqué, que ocurren en nuestra vida sin que podamos encontrar una explicación lógica a ellas.

Si tenemos claro nuestro objetivo y dirigimos los pensamientos de la manera adecuada, estaremos enfocando nuestra energía en conseguir aquello que deseamos e inevitablemente lo atraeremos hacia nosotros.

Por el contrario, si no tenemos claros nuestros objetivos o si no tenemos objetivos en absoluto, lo que atraeremos, será aquello en lo que más estemos pensando.

Hazme un favor y sobre todo, háztelo a ti mismo y piensa ahora en que es lo que te pasas más tiempo pensando en tu vida. Puede ser que sea en tus deudas, puede ser que sea en tus problemas en el trabajo….no sé, lo que sea que sea en lo que más mantengas tu enfoque con tus pensamientos, y ahora date cuenta si lo que llega a tu vida no es más de eso que te pasas mas tiempo pensando, o sea, mas deudas o más problemas.

Yo no soy adivino, solo tengo el bagaje de mi vida y el aprendizaje de las experiencias que he ido acumulando a lo largo de ella. Con lo que he llegado a comprender porque me han sucedido la serie de "desgracias" que se repetían una y otra vez.

He aprendido que nuestro pensamiento es el creador de nuestra realidad. Me refiero con ello a que aquello en lo que pasamos más tiempo pensando, es lo que se manifiesta en nuestra vida.

Si te enfocas en el problema, aparecerán más problemas.

Si te enfocas en la solución, las soluciones aparecen.

¡Simple!. Solo hay que creérselo y ponerlo en práctica.

He aprendido a aceptar que yo era el responsable de todo lo que me sucedía, dejando el victimismo atrás y con ello dejar de culpar a nada ni a nadie de mi situación.

He aprendido que el pensamiento hablado, o sea las palabras, son a su vez creadoras y que llevan, todas ellas, una carga emocional consigo. La carga emocional positiva es mucho más potente que la carga emocional negativa, pero ambas son creadoras. Ahora elijo las palabras que utilizo. Si antes utilizaba, hacia mí mismo, palabras despectivas que como dardos me envenenaban, ahora utilizo palabras de respeto y cariño hacia mi persona que me empoderan. Con ellas dirijo mis pensamientos hacia lo que quiero conseguir. Ha cambiado con ello, mi enfoque y las creencias acerca de mi mismo y lo que la vida es, consiguiendo que mi autoestima se eleve y que mi realidad cambie, atrayendo a mi vida lo que si realmente deseo y quiero tener.

Recuerda:

¡TÚ CAMBIAS, TODO CAMBIA!

No ha sido un proceso fácil pero sí posible, donde he conseguido llegar a perdonarme por mis actos y cambiar el enfoque, de negativo a positivo, de mis experiencias en esta vida, consiguiendo que donde antes veía frustración ahora vea victoria, donde antes veía desesperación ahora vea fe.

Yo te cuento mi vida, desnudando mi alma, para que puedas ver más claramente la necesidad de dejar de quejarnos por todo lo que nos sucede, así como dejar de buscar culpables por nuestra situación, asumiendo nuestra responsabilidad y con ello recuperar el poder. El poder de cambiar las cosas y elegir quien hemos venido a ser.

Yo he tenido que pagar un precio muy alto por mi ceguera y espero que tú puedas abrir tus ojos sin necesidad de tener que pagarlo: ¡no se lo deseo a nadie!

"Nos prometieron que los sueños podrían volverse realidad. Pero se les olvidó mencionar que las pesadillas también son sueños."

Oscar Wilde

Todo depende de en lo que tú te enfoques.

Una cosa tengo clara: cuando estamos inquietos y buscando respuestas, tarde o temprano aparecen bajo distintas formas, como señales que si sabemos captar, nos ayudaran en nuestra búsqueda y así lograr saciar nuestras inquietudes y preguntas. Estas, nos pueden llegar en muy diferentes formas: puede ser que conozcamos a personas que nos den la clave que necesitamos, puede ser que sean corazonadas que hagan palpitar nuestro corazón, indicándonos el camino a seguir, puede ser que sea a través de libros que caigan en nuestras manos…

"El que busca, encuentra", solemos decir, y no podría estar más de acuerdo con ello, pero para que encontremos, primero tenemos que tomar acción y buscar.

Si tú no actúas, no esperes que nadie actúe por ti.

Después de estos aprendizajes que quería compartir contigo mi estimado lector, continuaré con mi historia...

Te estaba hablando de mi adolescencia y de mis años como estudiante... mi segundo curso de Instituto coincidía con la época de después de la dictadura. Época de la institución de la democracia y la libertad de expresión y con ella, "el destape" se convirtió en algo cotidiano en nuestras vidas. Ver en los kioscos revistas de mujeres ligeras de ropa que mostraban sus pechos desnudos y orgullosas de ellos, era una imagen habitual. Yo me paraba a mirar estas revistas, no por mi interés en las bellas mujeres que ilustraban esas portadas, sino para contemplar a los hombres que las acompañaban....Recuerdo un día que estando ojeando una de ellas, mis ojos se toparon con otro tipo de publicaciones donde solo aparecían hombres. Sus bigotes y sus torsos desnudos me hacían ruborizar y se me cortaba la respiración al mirarlos, al tiempo que un calor sofocante recorría mi cuerpo. Era en el desaparecido "kiosco de los sindicatos", muy cerca de mi casa y el kiosquero me conocía desde que bien pequeño iba a comprar golosinas allí; aún así, no podía apartar la vista de su portada y mi curiosidad solo quería leer su contenido que me lo impedía el fino plástico que protegía a la publicación. Me dio mucha vergüenza cuando le pregunté al vendedor su precio, pero éste, sin mostrar ni el más mínimo gesto de sorpresa, me respondió. Yo me fui avergonzado y excitado a la vez. Volví al cabo de cierto tiempo con el dinero suficiente para comprarla y la compré, para descubrir en su interior a hombres varoniles besándose y teniendo relaciones sexuales con otros hombres.

¡Ahora sí que me vi identificado con ellos!

Esta, no era la imagen que yo tenía hasta entonces de los homosexuales, por lo que había visto el día que fui a la verbena con los amigos de mis padres y su hijo. Fue como si asumiera mi homosexualidad como algo más natural de lo que lo había estado haciendo hasta ese momento y me sentí aliviado, más relajado porque ahora sabía que había más hombres como yo, pero… ¿dónde?

Mi obsesión por el sexo fue en aumento y en ese curso fue cuando descubrí, que no lejos de casa de mis padres había dos pubs que se abrían por la noche y que eran frecuentados por hombres. MI curiosidad se disparó y quería ir allí a conocer más personas como yo, pero mi miedo a que me descubrieran y que con ello rompiera mi imagen de que todo estaba bien conmigo, también se disparó y me lo impedía.

¿A quién tenía tanto miedo?

¿A mis padres, a mis vecinos, a los demás chicos?

¿Tan importante era para mí su opinión y el concepto que ellos tuvieran de lo que yo era?

Hoy me parecen preguntas casi absurdas pero en su momento eran todo un mundo que me oprimía.

M inquietud y mi obsesión aumentaban día a día, por lo que me atreví a rondar por las cercanías de esos bares, siempre con cautela y desde la lejanía, a una distancia que yo consideraba era prudencial para no delatarme, comprobando que efectivamente había muchos hombres entrando y saliendo de ellos. Tenía mucha curiosidad por ver lo que había dentro pero aún no me sentía preparado: no quería que me etiquetaran de "maricón". Ya tenía suficiente con mis propias etiquetas negativas, las que me había puesto desde bien pequeño y seguía llevando a todas partes conmigo.

Una noche, me senté en un banco en un parque que había cerca de estos bares a fumar un cigarro, a ver si me entraba la valentía suficiente para entrar y descubrir que había dentro. Era en el conocido como "Parque de los enamorados", desaparecido hoy en día y sustituido por una avenida peatonal, lujosamente decorada en mármol y enormes estatuas que conduce desde La Alameda directamente al mar; Avenida del Mar es llamada. En aquellos tiempos de los que te estoy hablando, no había ni lujoso mármol ni estatuas, mas bien un paseo de albero que escondía bancos para sentarse entre su espesa vegetación, lugar que aprovechaban las parejas para dar rienda suelta a su pasión y de ahí le venía su nombre.

Estando allí sentado, un hombre se me acercó y me pidió fuego para encender su cigarro, se lo di y se quedó a mi lado iniciando una conversación. Me di cuenta enseguida que él quería algo más que fuego y me di cuenta también de que en ese parque, por las noches, los hombres iban a pasear solos y a pedir fuego a los desconocidos que se sentaban a esperar en los bancos más escondidos. Había descubierto, sin apenas esperarlo, donde encontrar hombres para tener sexo: estaba delante de mis narices y no lo veía.

Tuve sexo con él esa noche y me sentí contento porque fue exactamente como yo quería y lo que estaba buscando: sexo furtivo, sexo sin compromiso ninguno, sexo y luego "si te he visto no me acuerdo". Me sentía feliz porque a partir de ese momento, cada vez que sintiera la necesidad de desahogarme y tener sexo, lo tendría y esto no implicaría que nadie se enterara de nada.

¡Nadie excepto yo... mi peor juez!

Aunque eso ocurrió más adelante, en aquel primer momento yo, por fin, veía algo de placer en todo ese dolor de verme diferente al resto, aunque para ello, empezara a llevar, siendo muy consciente de ello, una doble vida y con una doble moral.

Utilizaba a esos hombres y ellos me utilizaban a mí, como quien utiliza un "clínex" y se suena la nariz, tan útil cuando tienes la necesidad pero que te sobra cuando lo has usado.

Estaba contento y no me daba cuenta de que estaba con ello también satisfaciendo, de manera totalmente errónea, la necesidad de cariño y afecto con el sexo y confundiendo ambas.

Estaba creando en mí, la dependencia al sexo y con ello la mayor de las insatisfacciones.

Alimentaba el placer a corto plazo y lo obtenía sin valorar sus consecuencias. Era como un espejismo, un círculo vicioso que se repetía: sentía la necesidad de sexo y lo tenía, pero cuando terminaba, más frustrado, solo y miserable me sentía y más castigaba, mi ya de por sí maltratada autoestima.

No sabía que esto solo era el principio de una horrible pesadilla que no hizo más que restar valor a lo poco que yo mismo me valoraba.

De tal manera fue, que llegué a creer que para tener un valor positivo en mí, aunque parezca paradójico, tenía que tener sexo. Disfrutaba con ello, disfrutaba cuando lo tenía pero me sentía frustrado cuando terminaba. Y esa misma frustración era la que, por buscar la valoración positiva en los otros, me hacía tener más sexo exprés y así una y otra vez.

Como podrás comprender, mi amado lector, esto no ocurrió de la noche a la mañana. Todo fue un proceso paulatino donde tuve muchas dudas: a pesar del placer que me proporcionaba, no aceptaba como algo natural el hecho de que me atrajeran los hombres, no quería sentirme rechazado por la sociedad, no quería ser distinto a los demás; por lo que, en un intento de querer ser "igual a todos" y encajar, empecé a tener una relación con una chica que conocí aquel verano cuando contaba quince años. Fue la primera chica que me dijo que sí y también la primera chica por la que yo sentía algo especial. Pasé unos meses muy agradables con ella, durante un verano donde sentí que todo era "normal"… normal, hasta que una noche calurosa de agosto, nos fuimos a la playa e intentamos hacer el amor. Yo era virgen con las mujeres y no tenía ni idea de cómo hacerlo… fue un autentico desastre y me sentí tan frustrado que al poco tiempo dejamos e salir. Fue un autentico "mazazo" para mí y más me consolidé en la idea de que yo era "un bicho raro".

Después de aquella experiencia, más me aferré al deseo de tener sexo con hombres y más aumentó con ello mi dependencia a él.

Como en todas las dependencias vives un espejismo: al principio tú crees que tienes el poder de controlar la situación y todo es placentero, hasta que te ves inmerso hasta el cuello y es la situación, en este caso el sexo convertido en vicio, quien te controla a ti.

Como en todas las dependencias, te vas degenerando más y más hasta que no sabes ni quién eres y ni mucho menos por dónde salir.

Yo no era consciente de aquello, en un principio todo era placentero y en ese punto estaba yo.

Tengo que admitir una vez más, que una voz en mi interior me decía que ese no era el camino, me decía que yo había nacido para algo más grande, mucho más grande que para entregar mi cuerpo al puro placer.

Una voz que yo no escuchaba.

Después del fracaso con aquella chica, comencé de manera obsesiva, una clandestina rutina sexual en el parque que anteriormente te mencioné.

En medio de esa vorágine sexual sin control, conocí a un chico en el Instituto que, aunque no estaba en mi mismo curso, el hecho de que él fuera repetidor del último año y sus amigos no estuvieran en el centro, sumado a que yo no tuviera amigos, hizo que fuera más fácil que nos juntáramos y empezáramos a salir.

Fumábamos porros y bebíamos, esa era nuestra forma de entretenernos y no te negaré mi querido lector, que nos divertíamos juntos. Recuerdo que él tenía una moto y nos pasábamos los fines de semana de aquí para allá. Fue una época muy divertida pero también muy confusa para mí: le considero mi primer amigo, un amigo real que me ofreció su amistad sincera y yo confundí la amistad con "algo más".

No entendía que alguien quisiera ser mi amigo sin más.

Mi mente no estaba preparada para aceptarlo. Era tan bajo y negativo el concepto que yo tenía de mí mismo que no comprendía como alguien quisiera estar conmigo, así como tampoco quería que descubriera lo que realmente yo era y pensaba sobre mí y ni mucho menos que descubriera lo que estaba haciendo a escondidas.

No quería sentirme una vez más rechazado.

Las muestras de cariño que, como amigo, él me daba, aparte de no entenderlas, me hacían daño y todo esto me confundía.

No sabía ser solo su amigo y sentir simplemente que éramos… amigos.

Yo siempre tenía en mente algo más, quería algo que va más allá de la amistad, cosa que desde entonces me pasó a menudo. Estaba muy confundido y decidí dejar de salir con él y refugiarme en la soledad. Reconozco que fue una reacción de huida pero en el aislamiento me sentía a salvo, ahí sabía manejarme. No te voy a negar que era doloroso estar solo, pero también era una situación que estaba acostumbrado a manejar, o al menos así lo creía, y al menos allí, no iba a sentir su rechazo.

Mi evasión, o sea, mi adicción al sexo, empeoró y recurría al sexo exprés más a menudo, buscando el placer inmediato y la compañía sin compromisos que la soledad no me ofrecía, haciéndola más llevadera… de momento.

Una situación parecida, pero aún aumentada, fue la que viví en el último año del Instituto cuando conocí a otro chico, pero esta vez fue peor: yo llegué a enamorarme de él. Nunca se lo confesé, no me atreví aunque siempre sospeché que él sabía algo. Su sonrisa, sus ojos, su pelo, todo me gustaba de él, pero había un problema: a él no le atraían los chicos, así que yo no me descubrí y me disfracé de su colega. No fue fácil, me ayudó, o así lo creí en su momento, el hecho de tener sexo en mis salidas nocturnas ya que era donde daba rienda suelta a mis instintos con otros hombres con los que me satisfacía y por otro lado tenía la experiencia previa, la que me ocurrió en curso anterior con el chico de la moto, y no quería seguir refugiándome en la soledad.

La soledad me empezaba a hacer daño.

Me enamoré y el hecho de decidir no expresarle mis sentimientos y tenerlo tan cerca… era frustrante pero no quería perderlo y prefería tenerlo como amigo a decirle la verdad de lo que sentía y que se alejara de mí, por lo que no me arriesgué. Tengo que confesar mi amado lector, que fue doloroso y para no delatarme, más recurría a mis escapadas nocturnas, hasta que esos encuentros furtivos se volvieron en mi contra ya que cuando estaba con él, yo me sentía sucio, como si no fuera digno, ni siquiera, de ser su amigo. Pensaba de él, como la persona positiva que yo podría haber sido si a mí no me hubiera pasado nada de lo que yo había vivido hasta la fecha y hubiera llevado una infancia "normal".

Como podrás observar mi amigo lector, le seguía echando la culpa de todos mis males a ese profesor de primaria que con siete años me enseñó a pensar en el sexo y le culpaba que esto se hubiera convertido en una obsesión en mi vida. Le culpaba de ser la persona en la que me había convertido. Le culpaba de mis complejos y de mis inseguridades… le culpaba de TODO.

Fue en esta época, cuando yo sentía que estaba enamorado, cuando mi padre me preguntó que como era que no tenía novia y sentí la valentía para confesarle que yo era homosexual…ya sabes cómo reaccionó.

Con este chico, viví experiencias que cambiaron mi vida para siempre y de una forma radical y no precisamente para mejor. Por una serie de circunstancias que sería muy largo de contar y no es mi intención aburrirte, el verano después de que yo decidiera dejar los estudios, a este amigo y a mí, se nos dio la oportunidad de viajar a Lérida pero no era un viaje de placer, sino de negocios. Negocios no legales en absoluto. Te lo contaré con más detalle: alguien cercano a nosotros nos comentó que allí, en Lérida, se podría hacer mucho negocio si vendiéramos "chocolate" y además nos proporcionó contactos a los que podríamos recurrir y que nos ayudarían, no solo en la venta, sino también nos proporcionaría alojamiento en dicha ciudad. Así lo hicimos, reunimos el dinero, compramos la mercancía y nos fuimos a Lérida con la disposición, no solamente de venderlo, sino también de disfrutar de la aventura.

Todo parecía seguro y que no correríamos riesgos.

Llegamos allí y todo fue como nos plantearon. Todo salvo un pequeño detalle: la casa donde nos alojamos era de un homosexual y a mí desde el principio, como podrás entender, este hecho me llamó mucho la atención.

Mi amigo no sabía nada de mis aventuras nocturnas y nunca le dije que era homosexual, así que yo tenía que mantener mi imagen de "hetero" delante de él y reprimir mi curiosidad.

Vendimos nuestra mercancía y la verdad que, aunque esto no esté muy bien decirlo, lo pasamos muy bien, disfrutaba de su compañía, estábamos viviendo toda esta aventura juntos y además nos iban bien los negocios. Todo parecía sonreírnos hasta que llegó el momento en que teníamos que regresar a Málaga, se acercaba el nuevo curso académico y mi amigo tenía que prepararse para ir a la Universidad. Él tenía planes pero yo no, por lo que decidí quedarme en Lérida y seguir haciendo negocio allí, pero esta vez sin su compañía.

Si te soy totalmente sincero, mi estimado lector, por otro lado, realmente quería separarme de él: estar en casa de un homosexual viviendo, me había despertado querer conocer más acerca de este mundo, ya que lo único que conocía eran mis escapadas para tener sexo exprés con hombres y allí tenía la oportunidad perfecta de hacerlo pero con mi amigo no me atrevía, la imagen que siempre había mostrado delante de él me lo impedía. Al final, mi amigo se marchó y allí me quedé yo. Me quedé solo unos meses más, unos meses en los cuales no tuve control en absoluto y donde conocí todo tipo de drogas y participé en numerosas orgias. Gastaba más de lo que vendía y para resolver esto no tuve otra idea que regresar a Málaga y comprar más mercancía para subir de nuevo y venderla. Así lo hice y, ¿a ver si adivinas de dónde saque el dinero para hacer todo esto?, ¡exacto!, volví a coger lo que no era mío. Volví a robar a mi padre pero esta vez tenía un plan: tomaría el dinero "prestado" y lo devolvería antes de que se diera cuenta. Así lo hice, compré mercancía y volví a Lérida a venderla. Esta vez me fui con la intención de volver en cuanto tuviera todo para reponer lo que había "tomado prestado sin autorización".

¡La intención no fue suficiente!

Las cosas no salieron como planeé y tuve que volver antes de tiempo, sin el dinero y sin la mercancía. Ahora sí que tenía un problema e hice lo único que se me ocurrió que podía hacer para solucionarlo: empezar a trabajar y reponer el dinero robado cuanto antes. Lo hice y pagué mi deuda, no sin antes evitar que mi padre se entrara de lo que yo había hecho. Había sido descubierto y me temía lo peor, sin embargo su reacción me sorprendió.

No me reprochó nada, solo se quedó callado, me miró a los ojos y me dijo que cuando tuviera el dinero se lo devolviera.

Te juro, mi estimado lector, que esa mirada, una mirada de un azul intenso, me dolió más que si me hubiera pegado una paliza. Su mirada no fue de desprecio hacia mí, no fue tampoco de reproche.

Su mirada fue de derrota, de frustración.

Me sentí un miserable y estaba arrepentido, quería realmente cambiar, una voz en mi interior me lo susurraba pero yo no sabía ni por dónde empezar.

Estaba realmente perdido.

A pesar de todo esto y aunque es difícil de creer, aquello no me dolió lo suficiente. Lo que sí consiguió esta situación, fue crear un abismo más amplio entre mi padre y yo, a la vez que también creó una herida más grave en mi autoestima.

¡Duro poco el arrepentimiento!

Haciendo un breve resumen, te diré mi querido lector, que había pagado mi deuda y eso era lo más importante para mí, además estaba trabajando y me veía con dinero. Había también dejado atrás mi época de Lérida y otra vez me veía en mi ciudad, Marbella, con la intención de empezar a hacer las cosas bien pero te confesaré, que no tuve en cuenta una cosa, una cosa muy importante que ignoré: el egoísmo, la mentira, el engaño, la traición y robar se habían convertido en mis valores, o mejor dicho eran los antivalores, en los cuales yo estaba basando mi vida.

Creía que no se podía caer más bajo.

Me equivoqué.

¡Se puede…y lo hice!

CAPÍTULO 8

LA CONSECUENCIA

Una profesora en el colegio solía repetirnos: "Dios los cría y ellos se juntan"… y no le faltaba razón a esta señora.

Marbella es una ciudad turística donde en verano y en fechas señaladas, tiene mucha vida y es muy animada y divertida. Sin embargo, en invierno la ciudad cambia y se vuelve solitaria y aburrida, sobre todo en aquella época y para un adolescente.

Era invierno cuando regresé a Marbella y el hecho de no tener la rutina del instituto, ni los hábitos de estudiante, hizo que me encontrará perdido en mi ciudad, donde me sentí desconectado de todo y un fracasado por mis hazañas en Lérida. Las personas que conocía habían desaparecido, unos se fueron a estudiar a las capitales cercanas y con ello, a conseguir sus sueños de ser abogados, médicos, ingenieros… otros simplemente no sé, fue como que desaparecieron de mi vida y a muchos de ellos ni los he vuelto a ver. Solo un grupo de chicos, tan perdidos como yo, era lo que encontré como compañía. Nos juntábamos, más por necesidad que por convicción, y pasábamos las tardes bebiendo, fumando y riéndonos para matar el tiempo, no hacíamos nada más, esa era nuestra diversión y esa fue nuestra condena. Tenía diecinueve años y me sentía, aún entre ellos, solo y también fracasado y frustrado, en definitiva vacío, por todo lo que había hecho en mi casa, donde como podrás entender, el ambiente era tenso y prácticamente no hablaba con nadie, me limitaba a tomarla como una pensión.

Lo recuerdo como una época muy gris.

Allí estaba yo, como un barco a la deriva y si no sabes a dónde vas, llegarás a un puerto que tal vez no desees. Esto fue lo que me pasó exactamente a mí.

Mi amado lector, acepta mi consejo:

Define claramente donde quieres llegar o te sorprenderás que donde has llegado es exactamente a donde querías evitar.

Todo en mi vida a esa edad estaba, o bien relacionado con el sexo furtivo o bien relacionado con las drogas. Trabajaba sí, y ganaba dinero, pero: ¿de qué me servía?, no tenía ilusión por nada más que por drogarme y evadirme de la realidad que no me gustaba. Evadirme de mis pensamientos, de mi sentimiento de culpa. Evadirme de mi fracaso. Mis ilusiones estaban muertas: yo siempre había querido estudiar para ser veterinario cuando fuera mayor, un sueño que me encargué de matar con el paso del tiempo.

El mundo era un lugar hostil y las personas te hacen daño, esas eran mis creencias y con ellas creé mi mundo.

Sentía que la vida ya se había acabado para mí y lo que me quedaba por vivir desde este momento, era más de eso mismo.

Tenía diecinueve años y sentía como que estaba muerto... me acordaba de mis hermanas fallecidas y recriminaba a Dios por qué no me tomó a mi en su lugar.

Todo en mi vida me fue llevando a consumir más drogas y a evadirme más con el sexo, pero nada me saciaba lo suficiente: más me drogaba y más cobarde me sentía y más me drogaba, tratando de aliviar este sufrimiento. Pero ¿sabes qué?, mi imagen, esa que mostraba al mundo, era que yo estaba bien, era que me divertía muchísimo con mis "colegas", cuando la realidad era que no sabía ni dónde meterme por la vergüenza que de mí mismo sentía.

Una cosa llevo a la otra y un día, sin saber cómo, me propusieron tomar heroína... sin pesármelo dos veces, consumí. Fue esnifada por la nariz y cuando sentí sus efectos, fue como si se me quitasen todos mis males… de repente ya no me sentía acomplejado… me sentí como nunca antes me había sentido en mi vida: ¡capaz de superarlo todo! Eso no fue suficiente… yo quería más y no pasaron más de dos días cuando ya me estaba inyectando la dosis por mis venas.

No quiero hacer apología de la droga ni mucho menos. ¡No es mi intención en absoluto! Tan solo pretendo ser fiel a la realidad que yo viví. Estoy recordando estos hechos y un escalofrío recorre todo mi cuerpo. Mi cuerpo se estremece y mis ojos se llenan de lágrimas, casi no puedo ver el teclado para seguir escribiendo

¡Qué inconsciente fui!

Repaso mi vida y no puedo dejar de sentir que he desperdiciado muchos años buscando la solución a todos mis problemas en alguna parte o con alguna sustancia ajena a mí.

Diecinueve años y con toda una vida por delante y mi única obsesión era tomar heroína.

Me gustaría volver atrás en el tiempo y decirme a mí mismo: ¡Detente! ¡No lo hagas! ¡Pide ayuda! ¡Aún estás a tiempo!, que era exactamente lo que mi voz interior, mi alma, trataba de decirme cada vez que me inyectaba y no le hacía caso porque había descubierto lo que me hacía sentir bien:

Por una vez en mi vida mi mente no me juzgaba y mi sexo no pedía más.

Consumía y estaba relajado, tranquilo y para colmo de males, creía que yo controlaba la situación.

¡Todo fue un espejismo!

En esa situación, tuve que ir a hacer el servicio militar que había estado aplazando por algún tiempo con prologas de estudios y ahora, al no estar estudiando, no tenía ningún motivo para no "cumplir con la Patria". ¡Cuando vengas de la mili serás todo un hombre!", me decían algunos y yo llegué a creerlo. Al menos me quitaré de en medio por dos años y eso me vendrá bien, pensaba. Era una obligación en aquellos tiempos y traté de tomármelo como una aventura.

Me había tocado por sorteo Madrid, a 600 Km de mi ciudad, en el centro de España, y hacia allí me dirigía en un tren cargado de reclutas y con parada final en el campamento militar situado en Colmenar Viejo para hacer el periodo de instrucción. El realizar el servicio militar tan lejos de mi casa, me liberaba de la tensión que vivía allí, sobre todo con mi padre, además pensaba que él me vería como a un hombre "hecho y derecho" cuando terminara la "mii". Tengo que confesar que iba con mucho miedo: el pensar que iba a estar rodeado de muchos otros hombres me asustaba, ya que yo no sabía si podría controlar mis instintos. Este miedo era tan grande que fue por lo que ni sentí el síndrome de abstinencia, más conocido coloquialmente como "mono", cuando estuve haciendo la instrucción en dicho campamento, aunque también es cierto que mi adicclón a la heroína, en aquellos tiempos, era de principiante.

Lo que más me asustaba, era el hecho de que alguien pudiera descubrir mi atracción hacia los hombres y me hiciera la vida imposible.

Recuerdo que cuando llegamos al campamento, lo primero que nos hicieron fue raparnos la cabeza al cero y darnos un uniforme de faena verde. Yo no podía quitarme de mi mente las imágenes de los campos de concentración nazis.

¡Fue humillante!

Después de este paso por la barbería, nos llevaron a todos en pelotón a la duchas y nos dijeron que nos desnudáramos, ante lo cual, todos nos miramos con cara de asombro y también sorpresa pero todos lo hicimos. Doscientos hombres desnudos que fuimos esperando nuestro turno para ducharnos, en grupos de cincuenta.

Yo no sabía dónde mirar.

Temía delatarme pero el miedo pudo más que mi excitación.

Tres minutos de agua caliente y la ducha se acababa… a mí me parecieron una eternidad. Nos llevaron luego al barracón y nos asignaron una cama, eran literas y a mí me tocó en la parte inferior… nos dejaron tiempo libre para deshacer nuestro "macuto" y después de la cena, cuando dieron "retreta" y ¡por fin!, nos pudimos ir a dormir. Muchas experiencias para el primer día de campamento y yo solo quería meterme en la cama y desconectar de donde estaba…me acordaba de mi casa y no recuerdo si llegué a llorar… hasta que me quedé dormido.

Un hecho inesperado me despertó esa noche, al sentir que una mano me estaba tocando, ¡alguien se había metido en mi cama! …me desperté asustado y cuál fue mi sorpresa que un cabo, que se suponía que estaba allí para darnos la instrucción, era el que estaba a mi lado. Me quedé petrificado y me "dejé hacer". Era noche cerrada y podía escuchar los ronquidos de mis compañeros mientras las manos de "mi cabo" se deleitaban con mi sexo. Recordaba la experiencia con mi profesor de primaria y me preguntaba: ¿por qué a mí? Éramos cuarenta reclutas en ese barracón y tenía que escogerme precisamente a mí. Me tranquilizaba al pensar que los demás compañeros dormían y no se enterarían de nada de lo que estaba ocurriendo bajo mis sábanas.

Otra vez, como en el colegio, me equivoqué y otra vez, como en el colegio, mis compañeros sospecharon y los rumores y las burlas me acompañaron hasta que se terminó ese campamento… otra vez, mi forma de reaccionar fue la de refugiarme en el aislamiento de la soledad: No me relacioné con nadie durante ese periodo y transmitía, con fingida autosuficiencia, que todo estaba bien conmigo.

Afortunadamente, el tiempo fue pasando y llegó el final del campamento, después de 40 días de innecesaria y banal instrucción. Se repartieron los destinos y a mí me tocó en Madrid capital, en el Parque Central de Automovilismo, en la zona de Pacífico, cerca de Vallecas. El último día de campamento fue el día de la jura de bandera y después de ese acto, nos podríamos ir a casa con nuestros familiares asistentes al evento para disfrutar de un "permiso" antes de incorporarnos a nuestro destino. Yo creía que mis padres vendrían igual que fueron a la jura de bandera de mi hermano Roberto en Melilla y les esperaba con emoción… pero cuál fue mi sorpresa que solo vi venir a mi madre, mi padre se quedó en Marbella. Le pregunté que por qué papá no había venido y me puso como excusa que se tenía que quedar con mis hermanas pequeñas a su cuidado.

Me lo viví como un rechazo hacía mí, otro más, por parte de él.

Me dolió que no viniera, no por la jura de bandera en sí, sino por sentir que él estaba orgulloso de mí como se lo vi en la cara cuando fuimos a Melilla a ver a mi hermano. ¡Roberto se lo merecía y yo no!, otra vez las comparaciones con mi hermano y otra vez la falta de atención por parte de mi padre hacia mí. Me lo tomé como un castigo por lo que había hecho con anterioridad y más culpable me sentía: ¡Yo no era digno del amor de mi padre y así me lo manifestaba! Me consideraba el hijo "raro", el distinto y llegué a creerme que no me merecía la confianza ni el amor de mi padre.

No quería ir de permiso a casa de mis padres, no quería ver a mi padre y sentir su indiferencia. Me daba vergüenza estar en su presencia y la forma de reaccionar fue mostrársela yo primero.

No fue hasta después de su muerte cuando me enteré que mi padre ya no se encontraba muy bien de salud y que además los problemas económicos les habían impedido soportar, para dos, los gastos del viaje y del alojamiento a Madrid y que por ese motivo y haciendo un esfuerzo, decidieron que solo fuera mi madre al evento.

Mi madre en aquel momento, no quiso preocuparme y decirme la verdad de la situación económica que estaban atravesando y fui tan egoísta que me lo tomé personal y la vergüenza, la culpabilidad y el miedo, me hizo ser orgulloso y no ver más allá de mis propios juicios. Di por válido lo que yo pensaba y eso me reforzó la creencia de que mi padre realmente no me quería y no se interesaba por mí, cuando en realidad lo que hizo fue un acto de amor al renunciar a verme, cediendo el puesto a mi madre porque pensó que con ella, me sentiría más cómodo.

Cuando descubrí la verdad sentí que mi padre me amaba.

Tarde lo descubrí, él ya no estaba entre nosotros.

La falta de comunicación y el miedo a expresar los sentimientos que realmente sentíamos el uno por el otro, fue la causa de nuestro distanciamiento: él no sabía cómo acercarse a mí y yo interpretaba eso como que no me quería y cuando se acercaba, yo le rechazaba mostrándole mi orgullo y la indiferencia porque me había hecho daño con su ausencia.

¡Qué ciego estaba!

Déjame decirte, mi estimado lector, que la vida me ha enseñado que las situaciones en sí, no tienen ningún significado, excepto el que nosotros le damos ya que filtramos las situaciones y las juzgamos, dándoles un valor positivo o negativo, según nuestros sistemas de creencias. En mi caso, creía que mi padre no me quería y que no le importaba y todo, absolutamente todo lo que venía de él, lo filtraba y lo veía bajo esa creencia.

¡Mi creencia creó la relación con mi padre!

No preguntamos, no aclaramos las cosas, las damos por hechas porque así lo creemos, juzgando a los demás por lo que creemos de ellos.

¿Quiénes somos nosotros para juzgar a los demás?

Ya nos lo dijo Jesús:

"… Aquel de ustedes que esté libre de pecado, que tire la primera piedra."

Evangelio de San Juan 8-7

Lamentablemente, la mayoría de las veces, es tarde cuando tenemos la humildad suficiente para dejar el orgullo a un lado y reconocer nuestros actos, llegando a perdonar.

No perdonar es cargar de piedras una mochila que llevamos a nuestras espaldas y al único que hace daño es a nosotros mismos.

Pero tú aún estás a tiempo.

¿A qué estás esperando?

CAPÍTULO 9

MI EXPERIENCIA CON LOS AMINALES.

Quiero hacer un inciso en mi relato para dedicar este capítulo a contarte, mi querido lector, mi experiencia con los animales… que bien pensado también es parte de mi historia, ya que siempre me han gustado mucho y no solo los que llamamos de compañía, hecho por el cual, cuando me preguntaban de niño qué quería ser de mayor, siempre contestaba que veterinario, sin ninguna duda de ello.

Recuerdo que desde bien pequeño, de camino al colegio, me paraba en la plaza de los Naranjos de Marbella y recogía caracoles, grandes y de caparazón marrón oscuro, que guardaba en mi cartera para luego llevar a mi casa, alimentarlos y tenerlos como mascotas. En realidad, recogía cualquier animal que me encontraba por la calle o en el campo, de hecho, he tenido arañas, serpientes, ranas, tortugas… y me encantaba alimentarles y darles un hogar.

Los animales fueron mi compañía y los que más me alegraban la vida en mi niñez.

Recuerdo que iba con frecuencia a un mercadillo que ,aún en la actualidad, sigue instalándose los lunes en mi ciudad, buscando los puestos donde vendían animales de corral. Por aquellas fechas "El barato", nombre con el que popularmente es conocido este mercadillo, se instalaba cerca del río La Represa, también llamado río de la "Barbacana", antes de que lo embovedasen por completo y construyeran el enorme parque que actualmente es. Estaba muy cerca de mi colegio, por lo que al salir de clase me daba tiempo a llegar y encontrarme algunos puestos aún abiertos. Me gastaba mis ahorros en comprar pollitos y patitos recién salidos del cascaron, aún sabiendo que tendría que aguantar las regañinas de mi madre al enseñárselos. Al final los aceptaba, eso sí, con la condición de que cuando crecieran tenían que desaparecer de casa. Yo los criaba y cuando se hacían mayores, los llevábamos a una granja donde los donábamos y allí se quedaban.

Recuerdo también que a mi hermano mayor, Juan Luis, le regalaron un pastor alemán y lo tuvimos en casa hasta que murió atropellado por un coche. Duque se llamaba y curiosamente todos los perros que hemos tenido después, también se han llamado Duque.

Otro recuerdo importante que guardo es el de unos amigos de mi hermano Roberto que tenían canarios en un jaulón y un periquito hembra solitario en una jaula. No sé cómo, pero al final esa periquita acabó en mi casa, donde construimos un jaulón muy grande y le compramos un compañero, un periquito macho, para que empezaran a criar. Criaron y a mí, ver como ponían huevos y salían los polluelos, me entusiasmaba. Fue una experiencia muy hermosa: apuntaba los huevos que ponían y los colores de las crías y cuando crecían, registraba con quien se apareaban y los colores de cada uno de su descendencia. Llevando una lista de las generaciones que se cruzaban, tratando de ver si las "Leyes de Mendel", que estaba estudiando por aquel tiempo, se cumplían.

Tengo muchos recuerdos imborrables de las horas que pasaba observando a estos periquitos y me dieron muchas lecciones de las que aprendí, destacando una que sin duda fue la más importante y que te contaré a continuación: En una de las puestas, una de las primeras si no la primera que tenían, la "periquita amarilla" (que te mencione anteriormente) había puesto ocho huevos que incubaba turnándose con el "periquito verde", nombre asignado a su pareja. No me complicaba mucho con los nombres como habrás podido observar… días después, unos veintidós días de espera, los huevos de los periquitos empezaron a eclosionar. Era excitante ver como los pequeños polluelos, rompían con su pico el huevo, luchando por salir y liberarse del cascaron que los encerraba. Cada día nacía un nuevo polluelo y así hasta que fueron cinco. Aún quedaban tres que no salían. Yo esperé un par de días y no tuve otra cosa que, pasados estos dos días, sacar los huevos del nido para comprobar si estaban con polluelos dentro o no. Cuando saqué los huevos comprobé que dos estaban vacíos pero me di cuenta que el último de ellos empezaba a romperse por un orificio muy pequeñito. Yo, en un intento de ayudar a este polluelo, rompí un poco más el cascaron (como sabía que sus padres hacían) e hice el agujero algo mayor. El polluelo empezó a moverse más y más pero no conseguía liberarse del todo de "su prisión". Le observaba entusiasmado, al mismo tiempo que me impacientaba de querer velo fuera del huevo, así que decidí ayudarlo más y rompí el cascaron del todo, liberando (al menos así lo creía yo) al recién nacido de su tortura. Al hacer esto, el polluelo murió y yo me quedé desolado y sintiéndome culpable de haberlo matado en mi intento de ayudarle.

¡Maté al polluelo en mi intento de salvarle!

Más tarde descubrí que los polluelos, cuando están saliendo del cascaron, necesitan un tiempo para secarse y aclimatarse al nuevo medio. Tiempo que necesita también el cordón umbilical que aún les une al huevo, para secarse antes de que sea un ser independiente.

¡Mi impaciencia mató al polluelo!

Aprendí una lección que me impactó:

¡Todo tiene un periodo de gestación!

Aún así, la paciencia no ha sido una de mis virtudes en esta vida pero créeme cuando te digo que ahora, en situaciones donde me veo impaciente, donde me veo que quiero conseguir algo y lo quiero ¡ya!, me acuerdo de esta historia que me pasó de niño con este polluelo y me hace recapacitar.

Pero fue pasando el tiempo y cuando era un adolescente, estando metido en el mundo de las drogas, ya no me atraían tanto los animales y desatendí a mis periquitos.

¡Ya no me interesaban y los dejé de lado!

No me acordaba ni de darles de comer, por lo que a muchos de ellos, los más afortunados, los regalé a una pajarería. Fue tan grave mi desatención, que mi hermano Juan Luis tuvo que sacrificar a la periquita amarilla que estaba agonizando, cuando me di cuenta de su malestar y le llamé, ya que estaba estudiando medicina, para que la salvara y él, la única opción que vio para evitar su sufrimiento, fue oprimirle el cuello para poner fin a su agonía.

Ese crujido, aún retumba en mi mente como sonido de culpabilidad.

No fue esa situación la única que tengo acumulada en mi mente como experiencia negativa…

Mi padre, ante mi insistencia de querer tener un palomar y ante el hecho de que un amigo me había regalado una pareja de palomas, construyó un jaulón muy grande para albergar, en la parte de arriba a dichas palomas y a ras de suelo a dos patos que había criado desde pequeñitos. Construyó esta caseta supongo que como recompensa a que un día, harto de ver bichos que yo traía a casa, cogió una jaula donde tenía a una serpiente y la tiró por la azotea abajo. Yo la vi caer, al tiempo que maldecía a mi padre y me enfadé mucho con él y como siempre pensé que él no mostraba interés por mis inquietudes, porque yo no era importante para él.

Tengo que admitir que las palomas son muy bonitas en la calle y cuando vuelan en libertad pero tener un palomar en casa es algo engorroso y muy sucio que para mantener limpio tienes que dedicarle mucho tiempo y esfuerzo, algo que en mi situación, no estaba en condiciones de ser responsable y hacer, por lo que me cansé muy pronto y se las devolví a mi amigo.

Con el tema de los patos ocurrió algo parecido: mi madre estaba harta de que siempre estuvieran sucios y yo ya estaba harto de los patos y de escuchar a mi madre regañándome por ellos, por lo que un día decidí sacrificarlos para comerlos en casa. La idea me vino de mi abuelo: el criaba conejos en su casa de Cistierna (León, al norte de España) y cuando con diez años estuvimos allí, mis hermanos y yo, nos enseñó a matar conejos dándoles un golpe seco en la nuca… Ni corto ni perezoso, cogí los patos y les corte el cuello., aún tengo la mirada de esos patos clavada en mi mente. Mi madre los cocinó y ninguno de nosotros se atrevió a meterle bocado. Fueron directamente a la basura y aunque estaba ya metido en el mundo de la droga, me sentí muy culpable por todo esto.

Te cuento, mi querido lector, este apartado de mi experiencia con los animales, para que entiendas mejor la clase de persona en la que me estaba convirtiendo y el abandono al que yo mismo me sometí.

Yo me abandoné a mí mismo y como consecuencia abandoné todo lo que para mi había sido importante en mi vida.

Y como te dije anteriormente…

El abandono es la peor forma de sufrimiento.

Algo hermoso que recuerdo con ilusión de mi niñez y me encargué de destruirlo.

Murió "la periquita amarilla" y sacrifiqué a los patos, matando con ello mi sueño de llegar a ser veterinario.

¿Qué estaba pasando conmigo?

Parecía que tenía una maldición acuestas y que nada podía estar bien si yo estaba cerca. Y ¿sabes una cosa?...estaba en lo cierto: esa era mi creencia y con ella creaba mi mundo.

En algún sitio leí, y no puedo hacer homenaje al autor, que: "La infancia es ese periodo corto en la vida que nos pasamos toda nuestra vida tratando de superar".

En mi caso esto es, totalmente cierto.

A veces, cierro los ojos e imagino
al niño que yo era.

Le veo, en la azotea de la casa de
mis padres, está solo, con la única
compañía de sus animales.

Me acerco a él y me presento: "Soy
tú, dentro de muchos años".

El niño no se asusta. No puede
oírme. No puede verme.

Le abrazo y le digo: "Todo está
bien. Yo te amo"

El niño, no puede verme, no puede
oírme pero parece que si puede
sentirme y sonríe.

Abro los ojos y me siento más
aliviado.

CAPÍTULO 10

CAIDA AL ABISMO

Después de haber hecho el inciso en el capítulo anterior de mi experiencia con los animales, retomaré mi historia donde la dejé, si te parece bien mi querido lector…

Te estaba hablando de mi periodo en el servicio militar…

Cuando volví a Marbella, después de haber terminado el campamento, me encontré un panorama en mi casa distinto, un panorama desolador, mi padre estaba triste, como abatido y sin fuerzas. Yo no entendía nada de lo que estaba ocurriendo y me mantuve al margen. Él no me hablaba y yo no preguntaba y así manteníamos un tenso equilibrio. Durante esas dos semanas que estuve de permiso, me junté otra vez con mis colegas que curiosamente uno de ellos también estaba haciendo el servicio militar. Nos contábamos nuestras hazañas y como siempre, lo que ya se había convertido en una rutina en mi vida, les mentí.

El otro colega estaba exento de hacer el servicio militar y nos escuchaba con atención, al tiempo que se sentía un privilegiado por no tener que hacer "la mili".

Las cosas, aunque habían pasado solo menos de dos meses de nuestra partida, habían cambiado: Nuestro colega, ese que estaba "exento", se había puesto a vender chocolate y tenía una clientela muy amplia.

Estaba yendo y viniendo a Ceuta a por mercancía que vendía al por menor para así poder pagarse su más aumentada adicción a la heroína… no tardé en verme, otra vez, con una jeringuilla en mi brazo y creyendo que controlaba la situación.

Recuerdo que la noche antes de nuestro regreso al destino y continuar "cumpliendo con la Patria" compramos heroína para inyectarnos y cuando lo íbamos a hacer, nos dimos cuenta de que no teníamos jeringuillas para todos. Las farmacias estaban cerradas ya, y la que estaba de guardia, estaba muy lejos como para ir a pie, así que las compartimos, siendo consciente del riesgo que esto conllevaba.

Nuestro deseo de sentir el caballo galopando por nuestras venas fue mayor, que el miedo a la transmisión de cualquier tipo de enfermedad.

Al día siguiente, me dirigía a Madrid a incorporarme en mi destino. Fue un destino muy cómodo, trabajaba en la oficina de automóviles y me encargaba de asignar conductor y vehículos a las órdenes que llegaban al cuartel desde el Ministerio de Defensa. Estaba también, exento de hacer guardias al estar en una oficina, con lo que el destino se convirtió en poco más que un trabajo administrativo por el que cobraba 712 de las antiguas pesetas al mes.

En cuanto al tema del sexo, lo tenía muy bien controlado. El miedo a que me descubrieran, era mayor que mis deseos y no tuve problemas en este sentido.

Mis salidas por Madrid se limitaron a las salidas que tenía con mi tío Adolfo, un hermano de mi padre que viviendo en Madrid, se encargaba de recogerme en el cuartel y enseñarme la ciudad. Recuerdo que hablaba mucho con él y me valoraba lo que estaba haciendo. Siempre me llevaba a comer fuera, cosa que yo agradecía… la comida del cuartel era simplemente comestible y poco más.

Recuerdo el día que de regreso de un permiso en el que fui a Barcelona a ver a mi hermano mayor, Juan Luis y a su familia, al bajar del autobús militar que nos transportaba, algunos de los que viajaban conmigo se quedaron asombrados al verme y me decían: "Estás amarillo". No les creí, pensé que estaban bromeando y que las luces tenues del autobús les estaba jugando una mala pasada a sus durmientes ojos. La sorpresa me la llevé yo al llegar de madrugada al cuartel y al desnudarme para entrar en la ducha antes de que dieran diana, comprobé que no bromeaban. Estaba amarillo totalmente, un amarillo intenso, tan amarillo estaba que lo blanco de los ojos también estaba muy amarillo. Me asusté y fui corriendo a ver al médico del cuartel que automáticamente ordenó trasladarme al Hospital Militar Gómez Ulla en Madrid para que me reconocieran. Ellos me dieron el diagnóstico: Tenía los virus de la Hepatitis B y C. Sabía perfectamente dónde y cuándo me los habían transmitido pero no dije nada al respecto cuando me preguntaron, solamente les aseguré que no tenía ni la menor idea de cómo habría podido ocurrir, aunque insinué que lo más probable es que hubiera sido al vacunarnos en el campamento, ya que lo hicieron con una pistola y creo que sin cambiar la aguja para cada recluta.

No sé si los médicos del hospital, que eran militares, se creyeron mi historia o no, pero la realidad es que no me volvieron a insistir más al respecto, al mismo tiempo que vi en esa excusa, la excusa perfecta para contar a todos, el cómo me transmitieron estos virus.

Me explicaré con más detenimiento…

Durante muchos, muchos años, siempre he dicho que mi contagio de la hepatitis fue debido a que cuando me vacunaron en el Campamento no cambiaban las agujas de un recluta a otro, sin saber si esto era realmente cierto o no. Esta mentira, a las personas que me preguntaban, parecía convencerles y a mí me eximia de toda responsabilidad quedándome en el rol de víctima. La certeza de que esta excusa es invención mía, o sea, es una mentira, la tengo en que mi colega, ese con el que compartí jeringuilla, también fue infectado con el virus de la Hepatitis B, es más, nos la detectaron el mismo día, exactamente a los cuarenta días de haber compartido jeringuilla. Esta mentira la he mantenido ante todo el mundo, por el simple hecho de no querer aceptar mi responsabilidad y sin querer asumir que compartí jeringuilla una sola vez y me transmitieron estos virus. La he repetido tanto y tantas veces y durante tantos años, que hasta yo mismo llegué a dudar si era verdad o no. Posteriormente y más adelante en mi vida, fue más fácil decir, a las personas que iba conociendo, que me los transmitieron en la mili, que decirles que había sido toxicómano. Recuerda que la imagen que me había creado de que "todo estaba bien conmigo", era tan fuerte, que tenía que mantenerla a toda costa y el admitir que yo había sido toxicómano no era precisamente la clase de cosas que mi imagen aceptaba.

Ahora me pregunto: ¿qué he ganado yo mintiendo tanto en mi vida?

Todo por tratar de conservar una imagen para ser aceptado y es precisamente esa imagen, la que me ha estado alejando más y más de los demás y me ha impedido aprender lo suficiente de mis experiencias y evolucionar, me ha impedido ser auténtico y brillar con luz propia y lo único que he conseguido es negarme mis defectos, imposibilitándome así el poder superarlos. Esa imagen, lo único que me ha estado haciendo es asfixiarme más y más cada día y me ha impedido tener relaciones de verdad y prometedoras.

El orgullo, la prepotencia y la autosuficiencia, es lo que me ha impedido pedir ayuda aún cuando me veía con el agua al cuello y hundido.

Nunca he querido mostrar mi interior, mostrar toda la "mierda", la miseria que yo veía en mí.

No ha sido hasta que no he roto con esa imagen cuando he empezado a sentir de nuevo.

No ha sido hasta que no he roto con esa imagen cuando he empezado a vivir.

Para vivir, tuve que matar a la persona que había estado siendo hasta ese momento.

Tuve que matar a una persona mentirosa y llena de falso orgullo para dar salida a un ser sensible y vulnerable.

Tuve que matar lo que había creado de mí para llegar a ser yo mismo.

Déjame preguntarte algo, mi amado lector:

¿Detrás de qué imagen te refugias tú?

¿Qué sales ganando al utilizar esa imagen?

¿Qué sales perdiendo al mantener esa imagen?

¿Te interesa seguir manteniéndola?

Volviendo a mi relato, te estaba contando, mi amigo lector, mi experiencia en el servicio militar: Después de pasarme dos meses en aquel hospital, cuando me dieron el alta, me mandaron a casa para que terminase de recuperarme allí.

¡Eso fue mi perdición!

Durante ese periodo, "me porte bien", era como si fuera más consciente de las consecuencias de mis actos, o así quise engañarme, porque en realidad, "me porte bien" y solo me drogaba de vez en cuando, porque no tenía dinero para ello, por lo que empecé a vender heroína para satisfacer mi adicción.

Después de este periodo "tranquilo y de reposo en mi casa", volví al cuartel y estuve allí hasta que me licenciaron. Cuando vine de "la mili", la situación con la droga no hizo más que empeorar: Me sentía como un potro desbocado, sin control y viviendo el espejismo de que era importante porque tenía un montón de personas, también adictas a la heroína, buscándome diariamente para conseguir sus dosis. Yo vendía sin ningún escrúpulo, es más, quería vender más porque eso me garantizaba que yo podría tener mi propio consumo asegurado.

No quiero ni imaginar cuánto daño he podido hacer a esas personas, si bien es cierto, que no les ponía la aguja en su brazo, ni tampoco les inyectaba la heroína, pero eso no quita para que me sienta responsable por habérsela vendido.

Pido perdón, con el corazón en la mano, si a alguno de ellos le hice daño.

Estos hechos han pesado sobre mi conciencia por años, más incluso que el haber robado a mi familia. Solo imaginar que alguno de estos chicos haya podido, incluso morir por la heroína que yo les vendí, me ha angustiado durante muchas noches.

Es cierto, y lo tengo claro, que si yo no se la hubiera vendido, ellos se la hubieran comprado a otro y no lo digo para justificarme y así calmar mi conciencia, lo digo desde el conocimiento de haber estado en esa situación. Lo digo desde la propia experiencia. Lo digo desde mi postura de haber sido heroinómano.

Después de esta confesión y como te estaba contando, mi amado lector: Sacaba y buscaba el dinero que necesitaba de donde fuera y de la manera que fuera: vendía, robaba, manipulaba, mentía...todo con tal de tener garantizada mi dosis diaria que cada día necesitaba que fuera mayor… y cuando conseguía sentirla recorrer mi cuerpo entero, era cuando podía descansar y tranquilizarme, era cuando podía dormir. Podía dormir para que cuando me levantara, otra vez, todo volviera a empezar, ya que otra vez necesitaba mi dosis y otra vez necesitaba conseguirla como fuera… y otra vez volvía a hacer lo que fuera necesario para conseguirla: Robé más en mi casa, robé más a mis padres: un anillo de mi madre que mal vendí, un reloj de oro que no me pagaron lo que valía… y ¡todo fue directamente inyectado en mis venas! y lo que es aún más grave: ¡No me importaba nada de eso! No me importaba que mi madre pudiera echar de menos esas joyas y me descubriera. Lo que me importaba era drogarme y eso hacía.

¡No se lo deseo a nadie!

Perdí mucho peso, estaba demacrado y mis ojos hundidos y sin brillo pero mi imagen estaba intacta y decía que todo estaba bien conmigo.

El orgullo me dominaba, el "caballo" también: Era un muñeco en sus garras, un títere que solo escuchaba su voz y su llamada.

Al principio cuidaba mucho los detalles e iba a las farmacias de la otra punta de Marbella, donde pensaba que no me reconocerían, para conseguir las jeringuillas que necesitaba pero con el tiempo estos detalles ya no me importaban tanto y las compraba en las farmacias de la Plaza de los Naranjos, que están muy cerca de mi casa y donde conocen desde siempre a mi familia, o incluso las compraba en la farmacia Berdaguer, en la cual somos aún más conocidos.

¡Nada me importaba...a ese punto llegué!

Me "chutaba" en cualquier lado donde hubiera un lavabo con agua disponible: la Cafetería Marbella, los baños de la Alameda, en el paseo marítimo… Incluso en el propio baño de mi casa… fueron tantas pistas las que dejaba que al final llegó lo inevitable…

Mi madre se enteró.

Se enteró porque los empleados de las farmacias le comentaron lo que yo compraba. Se enteró porque veía sangre que yo no había limpiado bien al salir del baño. Se enteró porque al poner pantalones y camisas a lavar ahí tenía jeringuillas. Se enteró porque un amigo me envió una carta con heroína y al verla sospechosa, se lo contó a mi padre y la abrieron, tirando su contenido al inodoro. Fue cuando mi padre tomó cartas en el asunto y me preguntó directamente que era lo que estaba haciendo. Recuerdo, como si fuera hoy, que mi respuesta fue la de montarme en mi orgullo y enfadarme mucho, llegando a pegar un portazo y salir de casa echando humos y maldiciendo, diciéndoles poco más que estaban locos, no sin antes echarles en cara que ellos nunca habían confiado en mí y que nunca me habían apoyado y ahora encima me acusaban de que me estaba drogando. Les acusé también de que habían violado mi intimidad al abrir una carta a mi nombre y eso no era legal.

Yo, que les había robado, tuve la osadía de acusar a mis padres.

Como un animal acorralado y sin escapatoria me sentí.

Utilicé el querer hacer a ellos sentirse culpables con la intención de que me dejaran tranquilo.

¿Locos? ¡Loco estaba yo!

Ellos me dieron la oportunidad de que admitiera lo que estaba haciendo, fui yo el que no quería reconocerlo.

Me fui directamente a chutarme mi dosis y cuando lo hice me sentí como un miserable.

Sabía que estaba en un pozo sin fondo y sin salida. Sabía que estaba desenmascarado y acorralado y aún así, mi imagen, ese personaje que con el paso del tiempo yo creé, era tan fuerte y poderoso que me impedía reconocer el infierno en el que realmente yo estaba viviendo.

¡Mi orgullo me dominaba!

El orgullo nos impide ser nosotros mismos, hace que mostremos lo peor, hace que la parte más cruel de nosotros, se manifieste.

Nuestro orgullo hace mucho daño a los demás y les hiere.

El orgullo mata cualquier posibilidad de comunicación y acercamiento, incluso con las personas que mas queremos. El orgullo no es más que la reacción a un miedo que nos cala hasta los huesos y que disfrazamos con prepotencia y arrogancia para que no se descubra nuestra vulnerabilidad. Nuestro orgullo hiere a las personas que tenemos a nuestro alrededor.

Nuestro orgullo, a quien más hiere, es a uno mismo.

Estoy seguro que sabes de lo que te estoy hablando.

Yo, de verdad que quería abrirme a ellos y pedirles ayuda, quería, necesitaba más bien, romper mi imagen y echarme a llorar en los brazos de mis padres, quería abrirme a ellos y reconocer el infierno en el que estaba metido pero el orgullo era algo superior a mi necesidad y me lo impedía.

¡Qué necio fui! ¡Qué ciego estaba!

Una voz en mi interior me lo gritaba:

¡Hazlo! ¡Abrázales! ¡Ábrete y si es necesario, llora!

Callaba a esa voz con más droga y me drogué mucho esa noche, mucho más de lo habitual. Me drogué hasta quedar inconsciente y cuando reaccioné y me pude poner en pie y caminar, volví a mi casa. No hablé con nadie, era muy tarde y fui directamente a la cama. Aparentemente, todos estaban dormidos y yo trabajaba al día siguiente. Los días posteriores, que digo días, semanas e incluso meses, me los pasé mostrándoles mi indiferencia. El ambiente de tensión era tan denso que casi se podía cortar.

Yo, montado en mi orgullo, no daba mi brazo a torcer. Y ellos, por miedo a mis reacciones tan agresivas, no me preguntaban.

El silencio es la más dolorosa forma de respuesta que conozco.

Drogarme había dejado, hace mucho tiempo, de ser algo divertido que yo controlara.

La heroína
se había
convertido
en un
infierno,
donde
yo era el
esclavo.

CAPÍTULO 11

SIEMPRE HAY UNA SALIDA

Un hecho inesperado lo cambio todo de la noche a la mañana: A mi padre le detectaron cáncer de pulmón y tenía que ser operado de urgencia.

Mi padre tenía cáncer, cáncer de pulmón y yo ni me conmoví.

No quise ver la gravedad de la situación, no podía verla aunque quisiera. Por ese motivo, y sin entrar en detalles, te contaré que mis padres se desplazaron a Barcelona donde mi progenitor sería operado, dejando a mí a cargo la casa y el cuidado de mis hermanas pequeñas. Asumí esa responsabilidad como pude, pero sin dejar de drogarme.

Ellos pasaron unos meses en Barcelona y al volver mi padre ya no era el mismo: le habían extirpado un pulmón y su hablar era más lento y se cansaba al caminar. Lo vi como una persona débil y enferma. Me impresionó mucho verlo así. Realmente me dolió y aún así no me conmoví delante de él.

Mi madre nada mas verme, supo que yo estaba peor, más enganchado en la droga y en un intento frenarme, me amenazó con decírselo a mi padre. Mi reacción fue reírme y animarle a que lo hiciera, que con ello le daría un disgusto más y eso no le convenía.

¡Fui cruel...muy cruel!

¡Qué impotencia más grande tuvo que sentir mi madre!

¡Cuánto le tuvo que doler el ver que estaba perdiendo a un hijo por culpa de las drogas!

¿Qué clase de hijo era yo?
¿En qué clase de monstruo me había convertido?

Realmente, yo estaba destrozado por dentro pero a ellos solo les mostraba mi orgullo, indiferencia y prepotencia para que me dejaran tranquilo y no me dijeran lo que ya sabía y no quería reconocer. Aún así, no podía engañarme y me sentía un miserable. Tan bajo, tan bajo había caído, que me daba asco.

Pero aún así, mi imagen era de que "todo está bien conmigo".

Yo intentaba parar, intentaba no drogarme. Lo conseguía un día, a lo sumo dos, pero al tercero ya no podía más y tenía que ir a por mi dosis. Dosis que nada mas inyectarme me hacía sentir más miserable, sintiendo a su vez que estaba perdido y sin salida.

¡Yo quería que todo eso parara!

Yo quería abrazar a mi madre y contarle que estaba muy mal y que necesitaba su ayuda, pero por más que pensaba en cómo hacerlo, cuando estaba delante de ella, no encontraba la manera. Necesitaba romper a llorar y reconocer que no podía con la vida que estaba llevando, realmente quería pero no lo hacía y más me hundía.

Estaba muy angustiado... me estaba destrozando.

Estaba angustiado por mi familia y todo el dolor que veía reflejado en sus caras, por todo el daño que yo estaba causando.

Angustiado por mis hermanas pequeñas: ¿Qué ejemplo de hermano era? Ellas eran las que realmente veían sufrir a mis padres.

Angustiado, porque veía que, lejos de parar, cada vez iba a más y a peor.

Una vez, una de las últimas veces que me estaba drogando, en aquella etapa de mi vida, hice algo distinto: Fue en Puerto Rico Bajo, cerca del restaurante La Cascada, en una montaña de Marbella y en mitad del campo, donde estaba sentado sobre una piedra, cerca de mi coche y con la jeringuilla clavada en mí vena, cuando me atreví a pedirle a Dios algo. Llevaba mucho tiempo enfadado con Dios y ya no le hablaba, porque pensaba que Él me había abandonado hace mucho, mucho tiempo y que no le importaba.

Sinceramente creía que debido a todo el mal y el daño que yo había hecho en mi vida, Él no me escucharía y aún así, me atreví a hablar con él y, recuerdo como si fuera hoy, le dije:

"Dios si de verdad me quieres, llévame contigo o haz que salga de esta vida de mierda".

Estaba angustiado, había tocado fondo y no podía más con aquella vida. Lo dije de verdad, sintiendo lo que decía y era lo que realmente deseaba. Lo dije con verdadera fe.

Algo cambió desde ese momento en adelante.

Aunque yo no atribuí los cambios que se produjeron en mi vida a partir de entonces a esa petición, (cambios que te contaré más adelante), todo empezó a cambiar.

Parece como que el Universo entero se confabuló a mi favor y Dios atendió mi petición.

"Casi milagrosamente", se dieron las situaciones necesarias para que mi familia experimentara un proceso de acercamiento y restauración.

Se dieron todas las situaciones necesarias para que yo empezase un proceso de rehabilitación. Una serie de casualidades que ahora sé que tuvieron su causa, y por eso rectifico y digo: Se dieron una serie de causalidades que empezaron a ocurrir casi desde la nada y de manera increíble. Situaciones como la de un día después de aquel hecho, cuando iba yo andando por la calle Estación en Marbella, calle que transitaba casi a diario, y me llamó poderosamente la atención un cartel que había en un escaparate. El cartel era no demasiado grande, pero algo me hizo acercarme a leerlo y cual no fue mi sorpresa, que se trataba de un cartel de la asociación Horizonte, asociación de Marbella que se dedica a ayudar a personas drogodependientes en colaboración de Proyecto Hombre de Málaga. Este cartel decía así: "Si tienes problemas con las drogas, nosotros podemos ayudarte. Llámanos al……"

Mi corazón dio un vuelco al leerlo. ¡Estaba allí para mí! Era justo lo que yo necesitaba saber y algo en mi interior decía que esa era la solución.

No hice nada al respecto pero no me quitaba aquel nombre de mi cabeza: "Horizonte". Curiosamente, mi padre esa misma tarde cuando llego de misa, hablando con mi madre, le dijo: "Hoy en la iglesia he escuchado a una mujer hablando del problema de la droga en Marbella. Pedía ayuda y la recaudación del cepillo era para una asociación que se llama Horizonte. Yo le di lo que llevaba encima, 500 pesetas y solo eso porque no llevaba más". A mi dio otro vuelco al corazón. Yo no solía escuchar hablar a mis padres entre ellos y justo ese día estaba allí para hacerlo, ¿casualidad?, no lo creo. Tengo que confesarte, mi querido lector, que desde ese momento se dieron todas las circunstancias necesarias para que yo empezara el programa de rehabilitación en Proyecto Hombre en Málaga y todo gracias a la intervención de la Asociación Horizonte de Marbella. Tengo también que confesarte que, el tomar la decisión de abrirme a mis padres y pedirles ayuda, no fue nada fácil ya que para ello me tuve que ver con el "agua al cuello" y sin salida, motivos por los cuales vencí a mi orgullo.

Recuerdo que en la primera reunión, un sábado por la tarde en el Hotel El Fuerte en Marbella, que tuve con Proyecto Hombre, lo primero que vomité al Padre Benito (presidente y terapeuta del centro en aquellos tiempos) fue el abuso que había tenido cuando fui un niño y también el que yo me había sentido siempre "uno más" en mi familia y siempre a la sombra de mis hermanos mayores. Fue la primera vez que "vomité" estas dos cosas en público y digo vomité, porque realmente lo que buscaba era una justificación a la que agarrarme para que este hombre entendiera el motivo por el que yo consumía heroína y se compadeciera de mí. Muy al contrario de compadecerse de mí, me citó al lunes siguiente, a las 9 de la mañana, en la sede de Málaga para empezar el proceso de rehabilitación, no sin antes dar unas instrucciones muy estrictas a mis padres acerca de no dejarme ir solo a ningún lado y de unas hierbas (básicamente relajantes naturales) que podía tomar para ayudarme a pasar mejor el síndrome de abstinencia. Yo pensé que este hombre estaba loco, ¡unas hierbas para pasar el "mono"! Este tío no sabe de lo que está hablando, pensaba. Sí, sí sabía de lo que hablaba y aunque yo no le creí en mucho, mi familia sí lo hizo.

Fue el AMOR y preocupación que mi familia volcó en mí, y no unas hierbas, lo que realmente me ayudó a que pasara un fin de semana con "mono" pero feliz de que por fin, veía un final a aquel infierno.

Mi padre, dentro de su enfermedad, se volcó en mí y por primera vez en mi vida, sentí que me hablaba con cariño y eso después de todo lo que yo le había hecho.

Mi madre se volcó en mí y no mostró nunca que las joyas que yo le robé le importaran, muy al contrario, me mostraba todo su apoyo y cariño, me mostraba que recuperarme era lo realmente importante.

Mis hermanas pequeñas: Marichús, Anuska, Gema y Marta, fueron de lo más cariñosas conmigo desde el principio de yo dar mi brazo a torcer y admitir que necesitaba ayuda.

Mi hermana mayor Maribel y mi hermano Roberto también se volcaron en todo el proceso y me mostraron su apoyo, a pesar de que ellos tenían sus propias familias que atender, siempre estuvieron presentes.

Mi cuñado Emilio y mi cuñada Laura fueron como hermanos para mí.

Mis hermanos, que vivían, y viven aún, en Barcelona, María José y Juan Luis así como sus respectivas parejas Ramón y Marion, también estaban pendientes y se preocupaban por mí.

Mis sobrinos y sobrinas por aquel entonces eran muy pequeños pero también notaba su alegría.

Como verás, mi amado lector, somos una gran familia y nunca la vi más unida que cuando decidí empezar con mi proceso de rehabilitación.

Toda esa unión, todo ese amor que yo nunca había visto ni sentido antes en mi familia, fue el motor que me impulsaba a seguir adelante.

Yo cambié y todo cambio

Fue mi familia, su unión y su amor incondicional, lo que me ayudó a dejar el infierno de la droga.

¡Gracias, Gracias, Gracias!

CAPÍTULO 12

MI CONCEPTO DE LA RELIGIÓN A DÍA DE HOY

Antes de comenzar quisiera advertirte que este capítulo es una reflexión muy personal acerca de mis creencias con respecto a la religión católica, sin pretender llevar la razón o tratar de convencerte. Tampoco pretendo herir la susceptibilidad de nadie, siendo mi humilde intención ayudarte a reflexionar y que seas tú quien saque sus propias conclusiones.

Esto es lo que creo: no creo nada de la religión católica.

No creo en lo que un señor llamado "papa" me dice que debo de creer.

No creo en un "santo pontífice", y me refiero a Benedicto XVI, donde sin entrar en la polémica de porque el 28 de febrero de 2013 renunció al solio y asumió el título de "papa emérito" ya que solo ese hecho daría para escribir un libro y ese no es mi cometido, ni mi misión; cite a las juventudes cristianas del mundo en Madrid. Creería en un "papa" que cite a todos estos jóvenes en Etiopía o en algún lugar del mundo donde realmente haya hambre y la sequía hace que mueran muchas almas de sed.

Creería en un "papa" que cite a los jóvenes cristianos, con una mochila adicional, en la que lleven una botella de agua, o dos, y comida de más para repartir.

¡Qué bien se lo pasaron los jóvenes cristianos en Madrid!

Colapsando el metro cuando se desplazaban en "manada", ¡que por cierto!, era más barato para ellos que para un ciudadano que tiene que desplazarse para ir a ganarse el pan.

Colapsando los burgers y restaurantes de comida rápida para atiborrar su estómago con la escusa de que se reunían a la llamada del "papa" para escuchar la palabra de Dios.

Veríamos cuántos de estos jóvenes que yo vi en Madrid, una multitud, son lo verdaderamente cristianos como para repartir lo que las personas realmente necesitan en los países mas desfavorecidos.

Es fácil viajar a Madrid y reunirse allí para ver al "papa".

Es fácil para un "papa" reunir a los jóvenes en Madrid o en cualquier otra capital del mundo civilizado.

Y yo me pregunto:

¿Es eso ser cristiano?

Yo no considero eso ser cristiano.

Yo no soy cristiano. Yo soy discípulo de Jesús, él es mi maestro, a mí nadie me ha enseñado a interpretar su palabra, uso el sentido común y sigo lo que mi alma me dicta cuando leo lo que nos han permitido saber de su palabra trascrita por sus discípulos. Yo solo creo lo que he conseguido, y consigo, saber acerca del mensaje de Jesús por parte de sus Apóstoles y que están, curiosamente, excluidos, de la Biblia, como Tomás.

Afortunadamente hoy en día, en la era de Acuario, estamos más evolucionados que 2000 años atrás, y no solo tecnológicamente, sino estamos más evolucionados y preparados a nivel mental y por supuesto, existe la libertad de expresión como derecho universal reconocido para poder expresarnos con libertad, sin que nuestra vida este expuesta al peligro de muerte, como en la época en la cual vivió Jesús, al menos en la parte del mundo donde yo vivo, por lo que me siento un privilegiado… por eso te digo que nada ni nadie va a volver a acallar mi voz, ni mucho menos la iglesia católica, que como institución, solo es una institución de poder que utiliza el mensaje de Jesús, por supuesto manipulándolo a su beneficio, para "esclavizar" a los fieles.

Como ya te expliqué en "Yo…positivo", quiero reiterarme en (copio y pego de mi anterior volumen):

"Me gustaría que tuvieras en cuenta que cuando hablo de iglesia católica, me estoy refiriendo a ella

como institución. Iglesia somos todos y me consta que dentro de la iglesia católica hay personas de muy buena voluntad y que actúan desde el amor.

No es mi intención ofender a nadie."

Dicho esto y siempre contando con tu permiso mi amado lector, continuaré dándote mi opinión:

No daré ese poder a nadie más que a mí mismo.

Tengo que advertirte que si no has leído nada acerca de "La Tabla de Esmeralda" de Hermes Trismegisto que se remonta a 3000 años antes de Cristo. Si no has leído nada acerca de los principios y leyes que rigen el Universo, tu mente podrá no estar preparada para aceptar esta información y la rechazará. Rechazar esta información o no, será una decisión por tu parte muy personal que yo respeto profundamente. Al igual que personal son los descubrimientos que te voy a confesar a continuación.

Si estás preparado, voy a ello: en primer lugar he de decirte que lo que he descubierto, no ha sido solo fruto de mi propia lectura e interpretación de la Biblia, como tampoco ha sido solo fruto de mis experiencias con la iglesia católica, que no han sido pocas, así como tampoco ha sido solo fruto de mis revelaciones que han sido varias, sino más bien he contado con la ayuda de autores más evolucionados que yo en este tema. Con todo ello, he llegado a la conclusión de que la palabra de Dios y las leyes que rigen el Universo: hablan y son la misma cosa.

Esto es lo que yo creo:

"Primero tienes que aprender las reglas del juego, y después jugar mejor que nadie".

Albert Einstein

Yo no creo que fuera el Espíritu Santo el que engendró a María porque Dios quería tener un hijo para que transmitiera su mensaje, enviando al Espíritu Santo a realizar esta misión.

¡No, no me lo creo!

Piensa en esto: El concepto de que un Dios quiera tener un hijo con un humano no era, ni es, un concepto desconocido para la inmensa mayoría de los humanos.

Antes de continuar adelante, permíteme que te anime a pensar en una cosa: mucho antes que Jesús existiera, en la antigua Grecia o en el antiguo Egipto, ya se hablaba y se creía en ello.

Tomaré el ejemplo de la antigua Grecia. Las leyendas así lo recogen y aseguran que era frecuente que los dioses del Olimpo se relacionasen con humanos y tuvieran descendencia. Heracles, más conocido por su nombre romano de Hércules, es un claro ejemplo de ello.

Resumiendo, Hércules era hijo Zeus, Dios que gobernaba a todos los dioses del Olimpo y la mortal Alcmena, hija del rey Electrión de Micenas y esposa de Anfitrión.

Dice la leyenda que Zeus quería tener un hijo y tomó la apariencia del marido de de Alcmena y la fecundó y de dicha unión nació Hércules.

Hércules protagonizó doce grandes trabajos, llamados "Los doce trabajos de Heracles" y fue divinizado.

Qué "casualidad"… Un dios que quiere tener un hijo, para esto toma otra apariencia y fecunda en una mortal y de dicha unión nace un hombre que hace cosas increíbles o también llamados milagros, y lo divinizan.

¿Te suena esta historia de algo?

A mí sí y creo que la iglesia católica utilizó lo que la gente de aquella época había escuchado en relatos e historias fantásticas, de la antigua Gracia o incluso del antiguo Egipto, acerca de dioses que fecundan a humanas, con la intención de divinizar a Jesús y así desviar la atención de lo verdaderamente importante: su mensaje.

Yo simplemente creo que fue José, el marido de María, quien lo hizo, o sea que José fue el padre biológico de Jesús.

Creo que María fue la que inculcó en su hijo la sabiduría de la ley de Dios o principios y leyes universales, que ella de alguna manera conocía y practicaba.

Creo que María tenía un gran corazón, era una persona agradecida y que vivía desde el amor a ella misma y al prójimo.

Yo creo también que María escuchaba lo que su voz interior, su alma, le susurraba acerca de que tenía que dar a conocer estas leyes al mundo, a sus hermanos y que sería muy egoísta por su parte si ella no compartía esta sabiduría con sus semejantes, y se lo guardara como un secreto.

Estoy convencido de que el sueño de María era que la humanidad conociera estas leyes, la ley de Dios, para que el mundo fuera un lugar mejor. Un mundo donde reinase el amor.

Pero también creo que fue ella la que decidió que no sería ella la que tuviera esta misión, ya que María sabia que siendo mujer y en aquellos tiempos en los que vivía, las probabilidades de que su mensaje fuera aceptado por un mundo dominado por los hombres, un mundo machista, donde la mujer era relegada a un segundo plano con respecto al hombre, serían muy pocas o nulas.

Teniendo muy en cuenta esto, María, decidió aumentar las probabilidades.

María fue la que decidió que fuera su hijo Jesús el que llevaría a cabo esta misión, ya que al ser hombre, tendría más posibilidades de que su mensaje fuera aceptado.

Así es que María, convirtió en su misión, el educar a su hijo con una mentalidad abierta e hizo todo lo posible y más, para darle la mejor educación de la que dispuso para que Jesús se convirtiera en el maestro mas experto en el arte de conocer y dominar las leyes que rigen el Universo que jamás ha conocido la humanidad, a la fecha de hoy.

¡María decidió que fuera Jesús, su hijo, el que se las transmitiera al mundo!

¡Gran gesto de generosidad, sin duda el de María!

María fue una mujer muy inteligente, ¿a que sí?

Yo creo que por ello en las escrituras cuando se dice "hágase en mí según tu palabra" realmente no se refiere a ser engendrada por Dios, a través del Espíritu Santo, porque sea la voluntad de Dios darle un hijo al mundo para que difunda su mensaje.

¡No!

Yo creo que se refiere más bien a que ella había encontrado su misión.

Ella tenía la misión de educar a su hijo según "su palabra", no según la palabra de María, ¡No!,

¿Según su palabra la palabra de quién entonces?

Según la palabra de Dios y yo interpreto que la palabra es ley o sea, hágase en mi (dentro de mí, en su interior, en su vientre, en el niño que llevaba dentro, en Jesús) según tu palabra, según tu ley, la ley de Dios.

Y… ¿cuál es la ley de Dios?, ¡exacto!… Las leyes que rigen el Universo.

María hizo un buen trabajo y educó a Jesús en lo que ella había conocido y que había descubierto que era LA VERDAD.

Ella tuvo la visión de un mundo donde si se conocían y se aplicaban estas leyes, las personas serían libres y para ello tendría que educar a su hijo con la fortaleza y sabiduría necesarias para conocerlas, entenderlas, ser un MAESTRO en su aplicación y enseñárselas a todos con su semejante. María sabía que esa VERDAD nos haría libres, o sea, María tuvo un sueño, una visión y encontró su misión en la vida y a pesar de todos los inconvenientes, la llevó a cabo.

Estoy convencido de que si María no hubiera parido a un niño, no hubiera parado de tener hijos hasta que naciera un varón, por los motivos que te he explicado anteriormente.

Si María tuvo o no más hijos, sinceramente no lo sé, aunque con respecto a ello, creo dos cosas.

1.- Educando e inculcando a Jesús en estas leyes, supongo que ya estaría suficientemente ocupada, como para criar a más descendencia.

2.- En el caso de que María hubiera tenido más descendencia, creo que la iglesia católica, si este es el caso, se ha encargado muy bien de ocultarlo y no difundirlo, ya que el concepto de pureza, de virginidad es un alto estándar que se exigía, y lamentablemente hoy en día también se exige, a las mujeres por parte de los hombres, en una sociedad machista. Lo cual ,interpreto como un elemento más de manipulación y de dominio sobre la mujer, relegándola a un segundo plano.

Por otro lado y según la iglesia católica, asegura que: María ascendió a los cielos en cuerpo y alma y yo me pregunto: ¿a dónde?, ¿a Venus, y allí está después de más de 2000 años?

¡No lo creo!

Entendería que nos hubieran enseñado que la madre de Jesús, por la gracia de Dios, pasó a otra dimensión invisible a nuestros ojos, o que se transformó en pura energía y se fundió con la energía universal, de donde todos procedemos...pero ¿que subió al cielo?... y por otro lado, ¿qué es el cielo?

Yo más bien interpreto, que el subir al cielo en cuerpo y alma, se refiere a que ella vio su sueño cumplido en esta vida.

María cumplió con su misión y esto no es ser egoísta, ¿qué madre no inculca a su hijo los valores que ella cree para que su hijo sea lo mejor que pueda llegar a ser?, ¡exacto!, todas.

Creo que María creía y se esforzó en dar a su hijo lo mejor y su esfuerzo se vio recompensado cuando pudo apreciar todas las maravillas, todos los milagros, que su hijo era capaz de realizar aplicando estas leyes, y el gozo fue tal, su alma vibraba a una frecuencia tan alta, tan superior ,que vivió el paraíso en vida., o como dice la versión de la iglesia católica "ascendió al cielo en cuerpo y alma."

En cuanto a la crucifixión y muerte de Jesús, me reservo mi opinión…por ahora, ya que algunos escritos excluidos por supuesto de la Biblia, aseguran que fue el mismo Jesús quien pidió a Judas que lo entregara.

Así, como también me reservo mi opinión, para explicarte en algún momento, lo que yo entiendo acerca del "Misterio de la Santísima Trinidad".

Pero permíteme, mi amado lector, que continúe con mi versión.

María tiene un gran mérito:

Conoció la verdad acerca de la ley de Dios y las leyes que rigen el Universo.

Escuchó lo que su alma le decía y tuvo una visión clara de lo que quería conseguir: dar al mundo a conocer estas leyes y liberar a la humanidad de su ceguera con la verdad y con el amor por bandera.

María tuvo un deseo ardiente, un sueño, y encontró, de forma inteligente la manea de llevar cabo su misión y tomando acción, llevo su misión adelante sin desfallecer.

María consiguió y cumplió con su objetivo y disfrutó viendo lo que su hijo Jesús fue capaz de hacer conociendo y dominando estas leyes, la ley de Dios.

Ella subió a los cielos en cuerpo y alma, o sea cuando aún estaba viva vio su sueño cumplido.

La misión de María fue muy importante y crucial para que Jesús pudiera predicar la palabra de Dios y tener resultados, o sea, "hacer milagros"....pero era Jesús y no ella quien hacía estos milagros, así como también era Jesús quien transmitía la ley de Dios.

Me refiero con eso a que, a veces, me da la sensación de que por parte de la iglesia católica casi se le da más mérito a María (que por supuesto lo tiene: fue una visionaria y una luchadora ¡IMPRESIONANTE!) que a Jesús o que al mismo Dios y considero que esto es una manipulación de la Iglesia para desviar la atención hacia la sumisión de la mujer al hombre y además de utilizar el dolor de una madre que educa y pierde a su hijo para desviar la atención de lo que realmente es importante, los principios y leyes que rigen el Universo que predicaba Jesús.

Por otro lado, Jesús nos llamaba hermanos con lo que transmitía su humildad y nos revelaba que todos somos iguales ante los ojos de Dios, o sea, todos tenemos las mismas oportunidades de hacer cumplir las leyes del Universo, y con esto nos transmitía la verdad de que, si él es mi hermano y él hace lo que hace, yo puedo hacer lo mismo que él hace.

Jesús también decía que él era el maestro y que nosotros éramos sus discípulos.

Yo he tenido y tengo maestros, personas de las que aprendo constantemente y que necesito en mi vida para evolucionar y crecer y me considero discípulo de algunos, pero por ello no los idolatro.

¡Los admiro sí, pero no los idolatro!

Los admiro y aprendo de ellos. En algunos casos, la admiración es muy grande y tengo un gran respeto por todo lo que me enseñan, pero no los idolatro.

Aprendo de ellos y me motiva el hecho de que si ellos (como mis hermanos, personas igual que yo) han conseguido lo que yo quiero o si ellos están donde yo quiero estar, tienen los resultados que yo quiero alcanzar, yo también puedo conseguirlo.

Entonces: ¿por qué idolatrar a Jesús?

Cuando idolatramos a alguien, en este caso a Jesús, nos situamos en un plano inferior, ¿no te das cuenta?

Así, al colocarnos en un plano inferior estamos matando, si matando, todas las posibilidades de hacer lo mismo que él hace y no solo eso, estamos matando las posibilidades de hacer más de lo que él hizo.

Piénsalo…

"Por vuestra poca fe; porque en verdad os digo que si tenéis fe como un grano de mostaza, diréis a este monte: "Pásate de aquí allá", y se pasará; y nada os será imposible"

Mateo 17;20

Jesús no paró de decirnos, de animarnos, a que tuviéramos fe, la misma fe que él tenía.

Jesús no paró de enseñarnos las leyes que rigen todo el Universo.

Jesús no paró de decirnos que el amor es lo más importante.

Jesús no paró de repetirnos que nos amaramos los unos a los otros como él nos había amado.

Como él nos ha amado, haciendo lo mismo que él hacía y haréis las mismas cosas que yo hago y aún mayores.

No, él no se colocaba en un plano superior.

Él sabía de valor de la humildad y lo practicaba con el ejemplo.

Él sabía que era igual que tú y yo: persona con un pedacito de divinidad en su interior, un alma, al que él escuchaba y por eso estaba comunicado con Dios, con el Universo y hacía milagros.

La gran diferencia es que Jesús estaba en un proceso más adelantado, mucho más evolucionado viviendo a un nivel muy superior que todos nosotros, y por ese motivo se convirtió en Cristo.

Jesús se convirtió por su fe en Cristo ya que vibraba en una frecuencia superior, pura.

Jesucristo vibraba en la frecuencia del más puro AMOR y por eso hacía en su vida lo que hacía, MILAGROS.

Jesucristo tomó acción, no se quedó solo en palabras. Él no paró. Él no se detuvo. Su sueño era mucho más grande que él mismo.

Jesucristo, consideraba que el mensaje que tenía que transmitirnos era más valioso que su propia vida.

Él nos amaba tanto, que nos quería libres, fuera de la esclavitud que nos crea nuestra propia mente.

Jesucristo era un hombre tan generoso que no se guardó para él, como un secreto, el cómo se llegan a hacer milagros en nuestras vidas.

¡Él lo compartió con todos nosotros!

Y sinceramente creo que Jesús era un hombre que aplicando estas leyes, se ponía en contacto con Dios y guiado por su alma, visualizaba lo que quería conseguir, o sea, lo vivía primero en su mente, lo vivía con los ojos de la verdadera fe, como un hecho real antes de que ocurriera en el mundo material y cuando terminaba de visualizarlo, lo agradecía, daba las gracias por adelantado y continuaba con su vida con la certeza de que eso que había visualizado se le iba a conceder sin ninguna duda...

¡Y los MILAGROS aparecían!

Jesús era un hombre que alcanzó un estado de consciencia superior, tan superior que nadie le ha superado hasta ahora, y que consiguió resultados que ningún humano ha conseguido hasta la fecha y no ha conseguido porque nosotros le idolatramos, le vemos como un Dios y así nos sentimos pequeñitos a su lado y nos llámanos mortales.

El no se cansó de enseñarnos que si teníamos fé suficiente y si hacíamos lo que Él hacía, también conseguiriáimos hacer milagros.

Jesús aprendió las "reglas del juego y jugó mejor que nadie"

Tengo un mensaje para ti: si quieres conseguir resultados, haz lo que Jesús hacía: no te centres en obtener milagros, céntrate en aplicar las leyes y veras aparecer los milagros en tu vida.

Si miras con los ojos de la fe lo verás claro. Escucha lo que te dice tu alma al respecto, ella sabe la verdad.

Jesús es mi modelo, yo apenas soy un iniciado que escucha a su alma.

¿A quién escuchas tú?

GRACIAS POR
HABER LLEGADO
HASTA EL FINAL
DE ESTE LIBRO.

ESPERO Y CONFÍO,
DE CORAZÓN,
HABERTE
AYUDADO.

TE AMO, MI QUERIDO LECTOR

TE PIDO UN FAVOR...

Querido lector, me gustaría darte un mensaje y pedirte que me ayudes:

Escribir este libro, "El Espejo", y en general todos los que forman la saga, "Crecer o Morir", ha sido una dura tarea, en la que he tenido que enfrentarme con muchos desafíos y superar barreras, la mayoría impuestas por mi mente, por los prejuicios que tenía a hablar abiertamente acerca de tener el VIH en mi cuerpo, haber sido heroinómano y todo lo que aquí te he confesado. Si lo he conseguido, ha sido gracias a entender que solo la verdad es lo que nos libera de la esclavitud de creencias obsoletas que lo único que hacen, es anclarnos en conceptos equivocados y nada actuales. Mi única intención es que su mensaje llegue a ti, con la esperanza de ayudarte a reflexionar y que pueda serte útil en tu vida, independientemente de cuál sea tu pasado.

Recuerda que me gusta ser junco y que como los juncos... **¡Juntos, somos más fuertes!** Por ello, te pido que te unas a la COMUNIDAD

DE JUNCOS y me hagas un tremendo favor: Hazte una foto con el libro, y mejor si lo acompañas de un pequeño testimonio con tu opinión acerca de lo que te ha parecido y en que te ha ayudado y me lo envías.

Esa será realmente mi recompensa ante el esfuerzo realizado.

Me puedes dejar tu foto con tu testimonio en:
www.fernando positivo.com

Prometo responder a todos y cada uno de los mensajes que me enviéis.

Puedes encontrarme en:

 Fernando Diez Pablos

 Fernando Diez Pablos
@fernando10positivo

 Fernando Diez Pablos
@yo_positivo

¿Me ayudas?

¡Gracias…Gracias mil!

Te amo, mi querido JUNCO.